308
85

Pablo Neruda:

Antología poética, II

Prólogo, selección y notas
de Hernán Loyola

El Libro de Bolsillo
Alianza Editorial
Madrid

®

Primera edición en "El Libro de Bolsillo": 1981
Segunda edición en "El Libro de Bolsillo": 1983

VI

1957-1967

La publicación de TLO (*Tercer libro de las odas,* 1957)
abre un nuevo ciclo del autorretrato nerudiano, con vigencia
estimable hasta la publicación de BCL (*La Barcarola,* 1967).
A este importante reajuste del estatuto del yo confluyen, desde la esfera extratexto, tres líneas de acontecimientos: 1) en
1954 el poeta ha traspasado la barrera de los 50 años, in-
gresando en el otoño de su edad; 2) en 1955 se separa definitivamente de su segunda esposa, Delia del Carril, para
iniciar una nueva vida junto a Matilde Urrutia (lo cual determina, entre otros fastidios, la ruptura con algunos viejos
amigos y compañeros que lo critican); 3) en 1956 las reve-
laciones del XX Congreso del Partido Comunista de la Unión
Soviética (informe de Jruschiov sobre Stalin), más los acontecimientos de Budapest, constriñen al poeta a una redimensión del optimismo histórico que impregna el ciclo anterior
(1946-56), sin que ello implique el abandono de su posición
política de base. Agreguemos que en 1957 el poeta y Matilde
emprenden un largo viaje por el mundo: lo que parece un
crucero de bodas es en realidad un peregrinaje por los lugares donde Neruda ha vivido antes de conocer a su pelirroja,

en especial Rangún, Colombo y otras ciudades del Oriente. Hay que sumar a todo esto ciertas perturbaciones en la salud del poeta (cfr. ETV, *Estravagario*, «Laringe»).

A lo largo de este nuevo ciclo el hablante se autodiseña *yo en contracción*, figura de signo contradictorio (y a ciertos niveles opuesto) al del yo expansivo del período precedente. Un reflujo desde la esfera pública a la esfera privada es la tendencia predominante. La reaceptación de las contradicciones en todos los órdenes de la realidad conduce, a nivel de autorrepresentación, a un nuevo proceso de desacralización del yo que no deja de evocar la juvenil tentativa desacralizadora iniciada en THI, 1925. Mientras aquella tentativa dejaba atrás un *crepusculario*, esta nueva se abre en cambio con un bizarro *estravagario* [81]. Las figuras totalizadoras y unívocas irradiadas a los textos de Neruda desde el *yo soy* de CGN (el hombre invisible, el Capitán) desaparecen a partir de TLO. La univocidad misma del *yo soy*, tan trabajosamente conquistada, entra en desintegración, tanto en el sentido vertical autobiográfico («muchas vidas», TLO) como en el sentido horizontal del presente («muchos somos», ETV).

La asunción del otoño personal y de las contradicciones del existir se textualiza entonces como ruptura y disolución de la figura del yo integrado, a múltiples niveles: por ejemplo, como abandono de las certezas del ser, del saber y del hacer; como aceptación de la incoherencia, de la paradoja, de la coexistencia de contrarios, y como abandono correspondiente de la seguridad didascálica y de todo énfasis oracular. Tanto en el tratamiento de sí mismo como en el de su lenguaje, el hablante renuncia en parte a las anteriores (implícitas y explícitas) pretensiones de seriedad, intocabilidad o privilegio, incluso a la estatura y autoridad asumidas a partir de la experiencia órfica, e introduce en cambio en el Texto un amplio espacio de ironía, de bromas y hasta de irreverencias —impensables en CGN, UVT u OEL.

---

[81] Se sabe que en el título de ETV resuena el de CRP. Este eco, al configurarse de hecho como oposición especular, adquiere así una curiosa carga adicional de significado.

Amplio y definitorio espacio ocupa también en este nuevo ciclo la autobiografía del hablante. A partir de TLO el Texto desarrolla una tentativa, crecientemente explícita y sistemática, de organización de la memoria del yo: tentativa que se despliega en el período con un sentido muy diverso al que desarrollara precedentemente el capítulo final de CGN.

No basta ningún *talent for change* (De Costa 1979: 175) para explicar este nuevo reajuste de la estructura y de la retórica de la autorrepresentación en Neruda. El estatuto del yo asume en este caso las condiciones —melancólicas y estimulantes a la vez— de un renacer crepuscular. Por un lado, tristezas de otoño y conflictos en el plano de las relaciones interpersonales y en la esfera política (niveles del *otro* y del *afuera*); por otro lado, perspectivas de una vida con Matilde y redescubrimiento del propio universo personal. La nueva proposición de autodiseño textualiza entonces la complejidad real de una nueva situación del hablante.

Yo soy / muchas vidas. «Tiempo, me llamas. / Antes / eras / espacio puro, / ancha pradera. / Hoy / hilo o gota / eres, / luz delgada / que corre como una liebre hacia las zarzas / de la cóncava noche.» (TLO, *Tercer libro de las odas,* «Oda al tiempo venidero».) La imperturbable confianza del *hombre invisible* frente al paso del tiempo (ver «Oda al tiempo», OEL) cede lugar a la cavilación. A la figura expansiva del «americano errante» (UVT) en busca del espacio diverso —futuro, edificación, utopía, verdad— se opone en TLO la de un viajero desengañado que a través de no-vidas o muertes transitorias, con un fardo de oscuridades, ha creído «caminar por los caminos» hacia *la vida,* hacia una meta que podría llamarse vida: pero no: «ah viajero, / no es niebla, / ni silencio / ni muerte / lo que viaja contigo, / sino / tú mismo con tus muchas vidas» («Oda al camino»).

Muchas vidas. De esta crisis de la conciencia temporal del hablante emerge una diversa exploración del recuerdo. Lejos de reproponer el itinerario que desembocaba en la unidad del *yo soy* (CGN), el nuevo registro autobiográfico tiende a res-

catar la pluralidad, la diversidad de las existencias sucesivas
del yo, la validez y autonomía de cada una de sus muchas
vidas: «ahora me doy cuenta que he sido / no sólo un hombre sino varios» (ETV, *Estravagario,* «Regreso a una ciudad»). La autobiografía cumple así, en los textos del nuevo
ciclo, una función de *ruptura* a nivel de representación del
yo. Cumple en cambio una función *integrativa* a nivel de
representación de su obra, cuyos diversos momentos son ahora asumidos como unidad (cfr. Loyola 1971: 249).

Diversos textos de TLO, ETV y NYR *(Navegaciones y regresos)* revisitan la topografía residenciaria [82]. «Perdóname
las vidas», dirá el hablante frente a Ceylán. El poema «Dónde estará la Guillermina?» (ETV) reabre el baúl de los recuerdos del sur de la infancia, pero esta vez dentro de una
atmósfera melancólica y otoñal que no tenían ni en «Infancia
y poesía» (1954) ni en CGN (cap. XV), donde eran materiales constitutivos de un *yo soy.* Aquel *yo soy* tendía en
efecto a cancelar el pasado, a disolverlo en la unidad del ser
presente [83]. En cambio el *yo otoñal* tenderá a restituir vida
al pasado, tenderá a recuperar en los textos sus muchas vidas
y espacios perdidos.

En un primer momento, sin embargo, el hablante de ETV
parece tender también a la cancelación o al rechazo de su
pasado errante para recomenzar desde un presente-cero, recién lavado: *presente-refugio,* por tanto, así como a partir de
TLO la patria reaparece como *espacio-refugio* o espacio de
repliegue para sobrevivir o renacer (ejs. «Oda con nostalgias
de Chile», TLO; «A Chile, de regreso», NYR). El rechazo
(inicial) del pasado se textualiza en ETV en clara conexión
con el rechazo del mundo exterior a Chile: «Adiós, calles
sucias del tiempo, / ... / regreso al vino de mi casa, / ... /
regreso para no volver, / nunca más quiero equivocarme, / es

---

[82] Cfr. «Oda a la pantera negra» (TLO); «Regreso a una ciudad», «La desdichada», «Itinerarios» (ETV); «Oda frente a la isla
de Ceylán» (NYR).

[83] Cfr. también «Alturas de Macchu Picchu» (CGN, II), cuyos
fragmentos iniciales proponen una relectura de RST desde la pers-
pectiva integradora de una cima alcanzada, mirando hacia abajo
la ruta del ascenso.

peligroso caminar / hacia atrás porque de repente / es una cárcel el pasado» («Regreso a una ciudad») [84]. Las oposiciones 1) *pasado / presente* y 2) *espacio extranjero / espacio Chile* expresan, en este primer momento del ciclo, aspectos de la tendencia dominante al reflujo: afirmación del *yo privado* (presente, Chile, Matilde) y violenta reducción del yo público (pasado, otros lugares, otros amores).

Logrados los efectos compensadores de este brusco golpe de timón, la estructura autorrepresentativa tenderá a estabilizarse a distancia de ambos extremos de la oposición. Ya en la «Oda frente a la isla de Ceylán» (NYR), el hablante entra a reconocer «que sí, existí, que no era / mentira mi existencia, / que aquí estaba la casa, / el mar...» Y al regresar más adelante a otra ciudad (aunque no la nombra, se trata sin duda de Temuco, ciudad fundacional) el hablante-caminante formula explícitamente su determinación de recrear o refundar el pasado en el Texto: «Acudiré a mí mismo para entrar, / para volver a la ciudad perdida. / En mí debo encontrar a los ausentes / ... / y en mí debo viajar buscando aquella que se llevó la lluvia, (...) / debo cuidar yo mismo aquellas calles / y de alguna manera decidir / dónde plantar los árboles de nuevo» (PPS, *Plenos poderes,* «Regresó el caminante»).

Este programa (casi proustiano) de textualización del pasado ha sido puesto en marcha en 1960 con la meditación autobiográfica de «Escrito en el año 2000» (CDG, *Canción de gesta*). En 1962 la revista *O Cruzeiro Internacional* publica una serie de diez crónicas-memorias bajo el título de conjunto *Las vidas del poeta* (después refundidas en CHV). Ese mismo año escribe Neruda el primer volumen de MIN —*Donde nace la lluvia*—, impreso en Italia por Tallone bajo el

---

[84] También: «Adiós, otoño de París, / ... / me voy cantando por los mares / y vuelvo a respirar raíces» (ETV, «Adiós a París»); «Y en Durango, qué anduve haciendo? / Para qué me casé en Batavia? / ... / Por qué viví en Rangoon de Birmania? / ... / Se perdieron aquellos días / y en el fondo de mi memoria / llueve la lluvia de Carahue. / ... / En Isla Negra los espero, / entre ayer y Valparaíso» (ETV, «Itinerarios»).

título *Sumario* (1963). Con ocasión de su 60 cumpleaños
(1964) Neruda se regala a sí mismo —fueron sus palabras—
los cinco volúmenes de la edición Losada de MIN (*Memorial de Isla Negra*). Este esfuerzo hacia la totalización evocadora, característico del período, se cierra con BCL (*La Barcarola*, 1967).

Yo soy / no soy? En este año 1955, declara el hablante en
el poema-prólogo de NOE, «sé lo que soy / y adónde va mi
canto». Apenas un año después, el poema-prólogo de TLO
comienza en cambio ofreciendo «odas / de todos / los colores
y tamaños, / ... / *para ser y no ser*». Y al interior de TLO:
«El mismo soy. *No soy?*» («Oda al tiempo venidero»). Crisis
de identidad en nuestro hablante: vacila su seguridad oracular. El poeta sencillo y accesible de OEL («ves tú qué simple soy») se declara sorpresivamente inaferrable: «búsquenme donde no estoy» (ETV).

La nueva vulnerabilidad del yo frente a la insidia del tiempo y al desengaño del mundo determina en los textos, a partir de TLO, una inesperada atención hacia figuras de grandeza en disminución, de poderío en declinación o en derrota.
La conflictualidad *degradación/persistencia* desplaza a la unilateralidad celebrativa de las odas de OEL y NOE. Por un
lado tenemos ahora las odas a un albatros viajero [85], al algarrobo muerto, a un gran atún en el mercado, al bosque de las
Petras, al cactus desplazado (TLO); el poema «Las viejas del
océano» (ETV); las odas al ancla, a las aguas de puerto, al
(viejo) caballo, a la campana caída (NYR): textos todos asociados a pérdida o a degradación de rol, de potencia o de destino. En contrapunto, otros textos celebran la tenacidad o el
señorío de la vida en seres pequeños, humildes o cotidianos:
así las odas al alhelí, al aromo, a unas flores amarillas, al
gallo, al maíz, al nacimiento de un ciervo (TLO); el poema
«Caballos» (ETV); las odas al gato, al perro, a la sandía

---

[85] Esta oda concluye con un apóstrofe significativo: «Oh capitán oscuro, / derrotado en mi patria, / ojalá que tus alas / orgullosas / sigan volando·sobre / la ola final, la ola de la muerte.»

(NYR). El conflicto *degradación/persistencia* se sitúa así en la base de la nueva estructura de autorrepresentación [86].

Si el ingreso de la melancolía otoñal hace de TLO el libro-pórtico del ciclo, o libro-puente, ETV *(Estravagario)* concentra en cambio el verdadero giro de timón: es el libro de la nueva desacralización del yo. Un viento de irreverencia y desenfado recorre ETV, como buscando compensar de golpe, con la brusca exacerbación del absurdo, la paradoja o la *boutade,* los excesos apolíneos —claridad, «realismo», edificación— del ciclo precedente. El desborde de antipoesía que la crítica ha subrayado en ETV (p.ej., De Costa 1979: 180) se puede leer desde otro ángulo como divertimiento, como impostación deliberada de un íntimo carnaval destinado a exorcizar el otoño que llega con angustiosa incertidumbres y amenazas. Las jugarretas y cabriolas lingüísticas tienden a quitar a la representación del yo, en parte al menos, su seriedad precedente. El nombre mismo del poeta, que en CGN servía para designar la figura pública del hablante (el hermano Pablo, el camarada Neruda), en ETV aparece en cambio para indicar el último reducto de privacidad que resta al yo, fastidiado por intrusos e inpertinentes: «Por eso en estos cortos días / no voy a tomarlos en cuenta, / voy a abrirme y voy a encerrarme / con mi más pérfido enemigo, / Pablo Neruda» (ETV, «El miedo») [87]. La operación desacralizadora apunta especialmente a ironizar sobre el yo público y aleccionador de las primeras odas («pastor, pastor, no sabes / que te esperan?») para defender al yo otoñal replegado sobre su pri-

---

[86] El modelo supremo de la persistencia es, como siempre, el océano. Ahora, de un modo que evoca el desencuentro *hablante / mar* al regreso desde Oriente (RST-II, «El sur del océano»), la medida de la situación amenazada del *yo* se manifiesta también como separación respecto de la fuente de la energía y de la tenacidad: «He vuelto y todavía el mar / me dirige extrañas espumas, / no se acostumbra con mis ojos, / la arena no me reconoce / ... / y aquí está el mar, sigue su baile / sin preocuparse de nosotros» (ETV, «Desconocidos en la orilla»).

[87] Pasarán algunos años antes de que retorne, en seriedad, «Pablo Neruda, el cronista de todas las cosas» (BCL, «Artigas»).

vacidad: «Lo sé, lo sé (...) / aunque me esperen yo quiero
esperarme, / yo también quiero verme, / quiero saber al fin
cómo me siento, / y cuando llegue donde yo me espero / voy
a dormirme muerto de la risa» (ETV, «Pastoral»).

La reducción *público→privado* es experimentada por el
hablante como un amargo *retorno* a la autenticidad del yo
y como precio de una equivocación. La propuesta asume forma espacial: retorno al yo verdadero significa retorno a la
patria, al océano y a los bosques del sur[88]. Tres textos sucesivos de ETV establecen una emblemática secuencia de ex-
trañamiento o extravío por superar: 1) «y llegado otra vez
no sé quién soy» («Pacaypallá»); 2) «la arena [el mar] no
me reconoce» («Desconocidos en la orilla»); 3) «la lluvia
[el sur, el bosque] no me reconoce» («Carta para que me
manden madera»). Este admitir una cierta enajenación anterior del yo (asociada a una tentativa de autorrepresentación
ciclópea y desmesurada) conduce a una peculiar insistencia
sobre tópicos de humildad: «De cuando en cuando y a lo
lejos / hay que darse un baño de tumba. / ... / Entonces se
aprende a medir.» («No tan alto»); «y hay que darse cuenta
de pronto / de la poca cosa que somos» («Desconocidos en
la orilla»).

Yo soy / *muchos somos*. En esta óptica de contradicción,
la paradoja y el oxímoron devienen clave retórica del autodiseño, en particular al comienzo del ciclo. El hablante se
define «hombre claro y confundido, / (...) lluvioso y alegre, / enérgico y otoñabundo» (ETV, «Testamento de otoño»)[89], hombre de «corazón fresco y cansado» (ETV), dispuesto a vivir «este ser y no ser fecundo / que me dio la

---

[88] Cfr. la contigüidad estructural entre *reaceptación de la tristeza* y *retorno al sur de la infancia* (como forma del espacio privado) en la «Oda a la tristeza II» de PPS, claramente contrapuesta
a la primera «Oda a la tristeza» (OEL).
[89] «Testamento de otoño» (ETV) y «Testamento» 1 y 2 (CGN,
XV): dos estatutos del yo en oposición. Cfr. De Costa 1979:
176-177.

naturaleza» (ETV) porque «ser y no ser resultan ser la vida» (MIN, *Memorial de Isla Negra,* II) [90].

La verificación del *muchos somos* a nivel horizontal, que en un primer momento se inscribe en la operación desacralizadora del yo (cfr. ETV: «Muchos somos», «Sobre mi mala educación», «El miedo», «Demasiados nombres», «El perezoso»), se proyectará al desarrollo del hablante como restablecimiento de una cierta continuidad vertical: «porque de tantas vidas que tuve estoy ausente / y soy, a la vez soy aquel hombre que fui» (MIN-II, «No hay pura luz»). Superado el aislamiento purificador de ETV —orgía del ego—, la figura del hablante reencuentra en NYR un perfil menos extremo, si bien irreversiblemente conflictivo, que dominará el resto del ciclo. Retorna el yo a sus *obligaciones* (NYR, prólogo) y a su *deberes* (NYR, epílogo; PPS, *Plenos poderes,* prólogo), pero redimensionados en clave de ambigüedad. La misión edificante del yo queda atrás. Se trata ahora de deberes naturales, del cumplimiento de poemas-tareas que «caerán como la lluvia cae, / como el otoño cae »(NYR, epílogo), y no de obligaciones dependientes ni de un proyecto histórico ni del voluntarismo personal. En NYR, CCM *(Cantos ceremoniales),* y particularmente en el prólogo de PPS («Deber del poeta»), cristaliza esta tentativa de reajuste del estatuto programático del hablante. El deber puro, sin otras razones ni finalidades que las de instituirse como una especie de puente o canal entre el designio positivo de la naturaleza y la condición humana [91], es la nueva forma de obediencia y

---

[90] Cfr. «Me llamo pájaro Pablo, / ave de una sola pluma, / volador de sombra clara / y de claridad confusa» (APJ, «El pájaro Yo»).

[91] Esta inscripción del deber poético en el designio natural se textualiza simbólicamente en PPS como inserción mediadora del canto entre dos polos de una oposición extremada: *mar / prisión, libertad y sujeción:* «A quien no escucha el mar en este viernes / por la mañana, a quien adentro de algo, / casa, oficina, fábrica o mujer, / o calle o mina o seco calabozo: / a éste yo acudo y sin hablar ni ver / llego y abro la puerta del encierro / y un sin fin se oye vago en la insistencia / ... / debo sentir el golpe de agua dura / y recogerlo en una taza eterna / para que donde esté el encarcelado, / donde sufra el castigo del otoño / yo esté presente

testimonio que emerge de la contradicción, de la lucha con la conciencia de la muerte personal: «el deber crudo, como es cruda la sangre de una herida / o como es aceptable a pesar de todo el frío reciente» (CCM, «Fin de fiesta»): un deber sin ilusiones, porque después «pasan los hombres sobre lo que hicimos / y en este pobre orgullo está la vida» (ibíd.).

Este *pobre orgullo* (o «triste honor», MIN-IV) es categoría básica de la actual estructura autorrepresentativa. En uno de los poemas claves del período viene propuesto como ardid o artificio para eludir la derrota, la inacción, la muerte en vida: «Me convidó la dueña del castillo / a cada habitación para llorar. / Yo no la conocía / pero la amaba con amor amargo.» [92] Frente al peligro-tentación el hablante opta por cubrirse con su máscara y alejarse, sin mirar las trenzas de la castellana: «Por eso yo, el astuto cazador, / camino enmascarado por el bosque» (MIN-IV, «El héroe») [93]. El título de este texto merece figurar al pie del autorretrato característico del ciclo: el *héroe* es la contraimagen irónica y melancólica del Capitán, es su versión desacralizada.

Yo público / yo privado. «Ahora si quieren se vayan. / ... / Déjenme solo con el día» (ETV, «Pido silencio»). La ruptura del sistema de categorías que definían al *hombre invisible* en su relación con el *otro* (identidad, integración, unanimidad, comunicación) y con el *afuera* (movimiento, acción, realismo, certeza, razón) se manifiesta inicialmente como brusco reflujo hacia un sistema alternativo de signo opuesto: «Por un segundo detengámonos, / no movamos tanto los bra-

con una ola errante / ...» («Deber del poeta»). Adviértase una remota resonancia anafórica entre este texto otoñal y el adolescente «Oración» (CRP), a dos niveles tan distantes del desarrollo del *yo* nerudiano.

[92] Cfr. «La poderosa muerte me invitó muchas veces» (CGN, «Alturas de Macchu Picchu»).

[93] MIN-IV = *El cazador de raíces.* Sobre la relación entre máscara, prudencia y saber, cfr. «Oda al buzo» (TLO) y el comentario a este texto en Sicard 1977: 515-520.

zos. / ... / Si no pudimos ser unánimes / moviendo tanto nuestras vidas, / tal vez no hacer nada una vez, / tal vez un gran silencio pueda / interrumpir esta tristeza / ... / Ahora contaré hasta doce / y tú te callas y me voy» (ETV «A callarse»). Inmovilidad, silencio, aislamiento, inacción, concurren al texto para exorcizar la amenaza del tiempo [94]. El deterioro de la confianza en la capacidad activa de la palabra poética se suma, en un primer momento, al fastidio provocado por rumores exteriores (colectivos) de vario tipo. En este plano, como en otros, los textos acusan sin embargo una evolución así formalizable: 1) el silencio total propuesto en «A callarse», modo extremo de reacción compensatoria; 2) el silencio-canto: «yo quiero que cante el silencio / como si fuera transparente» (NYR, «Tres niñas bolivianas»), «y yo transmitiré sin decir nada / los ecos estrellados de la ola» (PPS, «Deber del poeta»); 3) el canto natural e incondicionado: recuperación del silencio en la palabra: «y dan vida a la vida las palabras» (PPS, «La palabra»), «y canto porque canto y porque canto» (PPS, «Plenos poderes») [95].

Obediencia/albedrío. La figura del caballo —prestancia, altivez, galope— acusa en la obra de Neruda un persistente ligamen con el sur de la infancia y con el motivo de la libertad y de la expansión del yo. Recordemos la curiosa autoalusión juvenil: «soy la yegua que sola galopa perdidamente» (THI, 14); en HYE, el hombre-a-caballo Florencio Rivas en-

---

[94] Cfr. un precedente llamado a la inmovilidad para detener el tiempo: «Nadie circule! Nadie abra los brazos / dentro del agua ciega! / Oh movimiento, oh nombre malherido...!» (RST-II, «La calle destruida»).

[95] Más adelante, el poema «Las comunicaciones» (MIN-V) parece reafirmar resueltamente la voluntad de canto y de palabra, de contacto y de ser «con otros hombres y mujeres», rechazando todavía la oscuridad y el silencio: «sin silencio es la vida verdadera». Pero el texto en conjunto es ambiguo: el énfasis de las declaraciones suena excesivo, con algo de amargo que recuerda el juego sarcástico de «El estribillo del turco» (CRP). También en «Las comunicaciones» el último verso se contrapone —ambiguamente— al resto del texto: «Sólo la muerte se quedó callada.»

carna confusos valores de acción y libertad que el yo-narrador
persigue; RST-I opone un «galope muerto» al galope oní-
rico de «Caballo de los sueños» y de «Colección nocturna»;
un «Jinete en la lluvia» condensa el redescubrimiento de la
relación hombre-sur en CGN, VII. Cuando el hablante sin-
tió que la expansión del yo le era asegurada al interior de la
obediencia, entonces el caballo pareció innecesario: «de la
frontera / traje las soledades y el galope / del último caudi-
llo: / pero el Partido me bajó del caballo / y me hice hombre» (UTV, XI: «Cuándo de Chile»). Hombre entre otros
hombres. El reflujo exasperado a la libertad y a la soledad
repone sobre el caballo al hablante de ETV: «A caballo cuarenta leguas: / ... / sobre el caballo de la lluvia / voy dejando atrás las regiones» («Galopando en el sur»); o pro-
mueve otra vez la identificación: «es bueno ser caballo /
suelto en la luz de junio / cerca de Selva Negra» («Escapatoria»); o reedita la fascinación (cfr. «Caballos»). En cambio, la «Oda al caballo» (NYR) coincide con el reflujo del
reflujo, con la aceptación de una nueva forma de obediencia
y testimonio: la contemplación solidaria del viejo caballo reclama al texto, por contraste la figura del joven corcel y
por afinidad la redimensión del quehacer del yo: «pero no
va mi oda / a *volar* con el viento, / a correr con la guerra
/ ni con los regocijos: / mi poesía se hizo paso a paso, /
trotando por el mundo», donde es clara la renuncia al galope [96].

Razón/desvarío. «Yo destroné la monarquía, / la cabellera
inútil de los sueños» (NOE, prólogo). Ya en TLO esta de-
claración del *hombre invisible* viene reajustada a pretexto de
un filme de evasión: «no vamos a perdernos / este sueño
tampoco: / ... / todos los sueños soñaremos» («Oda a un
cine de pueblo»). En su habitual clave de ruptura, ETV manifiesta extremo rechazo del límite, de la claridad, de toda
racionalidad ordenadora: «yo pienso confundir las cosas, /

---

[96] La asimilación entre los destinos del caballo y del poeta es
explícita al final del mismo texto.

unirlas y recién nacerlas, / entreverarlas, desvestirlas» («De-masiados nombres»). Este programa antiprosaico, proyectado hacia niveles irrealistas de representación, encuentra limitada pero interesante actualización textual en el período: p. ej., en PCH (*Las piedras de Chile*, 1961), donde la fantasía se su-perpone a lo real en el diseño lírico de las rocas de Isla Ne-gra (cfr. un diverso tratamiento del asunto en CGN, XIV); o en APJ (*Arte de pájaros,* 1966), cuya oscilación entre *pa-jarintos* (pájaros reales) y *pajarantes* (pájaros ficticios) tra-duce al plano estructural de la obra el conflicto entre realis-mo e invención, entre razón y desvarío. Después del exabrup-to inicial (ETV), el conflicto cuaja en *compromesso:* «Os amo, idealismo y realismo. / ... / Amo lo que no tiene sino sueños. / Soy decididamente triangular. / ... / No puedo más con la razón al hombro. / Quiero inventar el mar de cada día. ... / *Y lo real? También, sin duda alguna, pero que nos aumente*» (MIN-V, «La verdad»: la cursiva es de Neru-da). El problema, planteado aquí y en otros lugares con rigor teórico discutible, remite en realidad al problema de fondo: la relación *yo/el otro.*

Yo/aquel hombre. La crisis de la certeza [97] y su relación con el repliegue a la soledad y al silencio (textualizado en ETV) serán explícitamente evocadas en MIN-V: «Lo que no pasó fue tan súbito / que allí me quedé para siempre, / sin saber, sin que me supieran / ... / Pregunté a los otros después, / a las mujeres, a los hombres, / qué hacían con tanta certeza / y cómo aprendieron la vida / ... / Lo que no le pasó a uno / es lo que determina el silencio» («La so-ledad»). ETV implica, en efecto, ruptura y negación de iden-tidad con *el otro:* el *yo* enfatiza, en cambio, su ser diferente,

---

[97] Esta crisis se expresa en ETV como aceptación de la ambi-güedad («todo está bien, todo está mal») o como interrogatorio directo o indirecto al mundo. La pregunta aparece incluso como forma específica de un texto, «Por boca cerrada entran las mos-cas», que en esto anticipa uno de los libros póstumos de Neruda: LDP, 1974.

su diversidad. Al «hombre invisible / que canta con todos
los hombres» y que no puede «sin el hombre ser hombre»,
ETV contrapone un hablante fastidiado, en fuga, que se distancia: «ahora me dejen tranquilo», «por fin se fueron»
(«por fin no hay nadie», evocará MIN-V). El poema «Bestiario», que con «Testamento de otoño» cierra ETV, cumple
la función final de subrayar la distancia entre *yo* y los otros
hombres: negando al poeta sencillo, cuyo deber era conversar con todos y conocer sus vidas, el hablante declara —con
apariencia de desenfado humorístico— su interés por dialo-
gar sólo con animales: «quiero conversar con los cerdos
/ ... me voy a conversar con un caballo».

Sin embargo, el distanciamiento antipoético de «Bestiario»
esconde el desarrollo de una secreta tentativa de signo opuesto: la de reencontrar, a nivel de naturaleza elemental y no de
óptica política, un terreno de unidad y de unanimidad con
el *otro*. Léase en esta clave el poema «El barco» (NYR), que
propone una autorrepresentación plural del yo, compartible
con todos los hombres, y un llamado a la razón natural para
afrontar la injusticia y el peligro común: «francamente no se
trata de molestar a nadie, / es tan sencillo: somos pasajeros
/ ... / pasa el mar, se despide la rosa, / pasa la tierra por la
sombra y por la luz, / y ustedes y nosotros pasamos, pasajeros». Esto explica también que en un libro exacerbadamente
individualista como es ETV, el único texto de clara orienta-
ción social se refiere a la justicia social del almuerzo: «El
gran mantel.» Por ello, además, la retoma de contacto con *el
otro* comienza en NYR *(Navegaciones y regresos)* con una
reducción: los textos «El indio» y «Tres niñas bolivianas»
manifiestan una atención privilegiada del *yo* hacia estratos
modestísimos, y muy próximos a la naturaleza, del cuerpo
social latinoamericano [98]. En el mismo libro la «Oda a Le-

---

[98] En «El indio», el hablante vuelve a la actitud aleccionadora
del *hombre invisible,* pero desprovista ahora de todo énfasis oracular: «levántate, grandulón, vamos», etc. En «Tres niñas bolivianas» la ambigüedad o ambivalencia *orgullo / humildad* aparece
todavía más acentuada: el *yo* proclama haber conquistado el derecho a sentarse junto a sus hermanas indias, pero *en silencio:*
«sólo yo, rey de soledades, / rey harapiento de la altura, / pude

nin» se complace en enfocar al hombre de acción, no sólo en un momento de aparente inacción (cfr. Sicard, 1977: 239), sino en cuanto hombre de raíces naturales: «Me gusta ver a Lenin pescando en la transparencia / del lago Razliv (...) / Lenin atento al bosque y a la vida, / escuchando los pasos del viento y de la historia / en la solemnidad de la naturaleza.» Igual óptica de simplicidad natural impregna el elogio de la revolución cubana en «Escrito en el año 2000» (CDG) y el retrato de un niño del pueblo en «A E. S. S.» (PPS).

No estamos de nuevo frente a la sencillez voluntarística de las primeras odas elementales (OEL, NOE), fruto de impuesta claridad: esta «sencillez desarrollada» que propone el hablante de CDG es fruto de la contradicción natural: «es ésa la unidad que alcanzaremos: / la luz organizada por la sombra, / por la continuidad de los deseos / y el tiempo que camina por las horas». De este nuevo descenso a las profundidades de la contradicción histórico-social, vista en correspondencia con la conflictualidad positiva y simple de la naturaleza, resurge otra vez el *yo* con una poética *naturalmente* solidaria (cfr. en especial el prólogo de PPS, «Deber del poeta»).

Dos importantes textos de este ciclo constituyen condensaciones nodales del reajuste en la relación *yo/el otro*. Uno es «El pueblo» (PPS), que asume y concentra espléndidamente el nivel fundamental de la ideología política del hablante al individuar y abstraer —por primera vez— la figura cambiante y permanente del *otro* que cuenta y que importa: «De aquel hombre me acuerdo y no han pasado / sino dos siglos desde que lo vi / ... / Lo conocí y aún no se me borra

---

llegar, beber un trago, / masticar las sagradas hojas / y sentarme sin decir nada / con mi familia terrestre». En lugar de pretender el rol de portavoz (y en nítida confrontación intertextual con el yo de «Alturas de Macchu Picchu») el hablante declara: *«Esta vez no quiero contar / ciertas amarguras pesadas / como el peñón de Apac Chaimún. / No quiero hablar de la sangre / inútil, volcada en el cuenco / de aquellas piedras inhumanas. / Yo quiero que cante el silencio / como si fuera transparente / y tuviera la voz del agua.»*

/ ... / En el ir y venir de las familias / a veces fue mi padre
o mi pariente / ... / alguien en fin que no tenía nombre
/ ... .» El segundo texto es «El episodio» (MIN-V), lugar de
confrontación del hablante con su propia crisis y de recon-
ciliación con el movimiento, con la esperanza histórica, con
la acción organizada y solidaria. Emergiendo desde su reen-
cuentro con el *otro* natural, con el pueblo, el hablante encara
el episodio Stalin (en cuanto emblema de conflictos a nivel
ideológico-político) y reafirma sus deberes militantes: «Hoy
otra vez buenos días, razón / ... / Hoy otra vez, aquí me
tienes, compañero / ... / Debo abolir orgullo, soledad, desvarío, / atenerme al recinto comunal y volver / a sostener
el palio común de los deberes.» Despojada de certezas entu-
siastas y de ímpetus iluminados, la nueva autorrepresentación
del combatiente gana en madurez y convicción lo que ha
perdido en énfasis y en optimismo edificante.

Yo/ella. En cada uno de los tres momentos básicos del
período (reacción de ruptura o reflujo, descenso a las raíces
naturales, reequilibrio) la relación *yo/Matilde* aparece diver-
sificada, pero siempre central. La presencia axial y privilegiada de esta figura femenina es una de las constantes defi-
nidoras del ciclo. En un primer momento (TLO, ETV) *ella*
pasa a ocupar todo el espacio del *otro,* porque *los demás*
han sido puestos a la puerta o porque «por fin se fueron».
En la fortaleza del aislamiento y de la privacidad quedan
solos *yo* y *ella:* «Somos de nuevo la pareja / que vivió en
lugares hirsutos / ... / y que se atreva el tiempo duro / a
desafiar el infinito / de cuatro manos y cuatro ojos» (ETV,
«Con ella»). En esta situación de asedio la novia del Capitán deviene al mismo tiempo reina y compañera, amante y
«jardinera» (TLO), «sirena» (ETV) y señora de la casa.
Cierta insistencia en el nivel doméstico de la representación
de *ella* corresponde así, inicialmente, a circunstancias extre-
mas de ruptura con el mundo.

En cambio, en un segundo momento (NYR, CSA, PPS,
MIN), la representación de Matilde: 1) aparece asociada a¹

descenso a las raíces nacionales y populares del yo («eres del pobre Sur, de donde viene mi alma»: CSA, *Cien sonetos de amor,* XXIX)[99], y en tal esfera *ella* unifica y concenra los valores de tierra y pueblo dispersos en «El indio» y «Tres niñas bolivianas» (NYR), en «La insepulta de Paita» (CCM), en «La mamadre» (MIN-I); 2) viene propuesta como implícito horizonte de llegada para el hablante que en los textos viaja a través de la memoria de sus *muchas vidas* y de sus *amores* (crónicas de *O Cruzeiro,* MIN).

Ese horizonte de llegada se textualiza como tercer momento en BCL *(La Barcarola,* 1967), que se abre con el poema «Amores: Matilde», anteriormente destinado a cerrar la serie *Amores* de MIN (1964). Si en apertura del ciclo (ETV) vemos a la pareja encastillada dentro de la casa, en actitud defensiva o de rechazo, en el otro extremo, en cambio, al cierre del período (BCL), encontramos al poeta y a Matilde serenamente instalados y conversando junto al fuego, esta vez en compañía de amigos, visitantes y recuerdos. Las puertas de la casa están de nuevo abiertas al mundo.

Este marco de estabilización hogareña propicia·en el texto lo que nos parece una tentativa indirecta de autorrepresentación dual: Joaquín Murieta y Teresa son figuras ambivalentes que pueden parcialmente ser leídas como proyección o traducción (en clave extroversa de mítica popular) del estado actual del estatuto del hablante[100]. En esta sección de BCL («Fulgor y muerte de Joaquín Murieta»), como en el texto teatral homónimo (JQM), cristalizan unitariamente los principales motivos del ciclo: el amor definitivo, la dimensión popular y nacional, el compromiso social y político bajo nuevas condiciones, las contradicciones y conflictos privados

---

[99] Cfr. otros sonetos de CSA, por ej.: I, VI, XV, XXII, XXVI, XXX, XXXI.

[100] Cfr. BCL, «Fulgor y muerte de Joaquín Murieta», en especial el *diálogo amoroso,* donde, p. ej., Murieta declara: «antes no fui sino un montón de orgullo», y Teresa: «soy campesina de Coihueco arriba».

del hablante otoñabundo. La dimensión popular reaparece en otro episodio de BCL («Habla un transeúnte de las Américas llamado Chivilcoy») que nos propone, en proyección anti-heroica y en clima de picaresca, una versión desacralizada del «americano errante» [100 bis].

[100 bis] Sobre el ciclo 1957-1967, cfr. Alazraki 1973, Alegría 1973, Camacho Guizado 1978, De Costa 1979, Loyola 1971, Melis 1970, Pring-Mill 1975, Sicard 1977.

Oda al camino

En el invierno azul
con mi caballo
al paso al paso
sin saber
recorro
la curva del planeta,
las arenas
bordadas
por una cinta mágica
de espuma,
caminos
resguardados
por acacias, por boldos
polvorientos,
lomas, cerros hostiles,

matorrales
envueltos
por el nombre del invierno.

Ay viajero!
No vas y no regresas:
eres
en los caminos,
existes
en la niebla.

Viajero
dirigido
no a un punto, no a una cita,
sino sólo
al aroma
de la tierra,
sino sólo al invierno
en los caminos.

Por eso
lentamente voy
cruzando el silencio
y parece
que nadie
me acompaña.

No es cierto.

Las soledades cierran
sus ojos
y sus bocas
sólo
al transitorio, al fugaz, al dormido.
Yo voy despierto.

Y
como
una nave en el mar
abre
las aguas
y seres invisibles
acuden y se apartan,
así,
detrás del aire,
se mueven
y reúnen
las invisibles vidas
de la tierra, las hojas
suspiran en la niebla,
el viento
oculta
su desdichado rostro
y llora
sobre
la punta de los pinos.
Llueve,
y cada gota cae
sobre una pequeñita
vasija de la tierra:
hay una copa de cristal que espera
cada gota de lluvia.

Andar alguna vez
sólo
por eso! Vivir
la temblorosa
pulsación del camino
con las respiraciones sumergidas
del campo en el invierno:
caminar para ser, sin otro

rumbo
que la propia vida,
y como, junto al árbol,
la multitud
del viento
trajo zarzas, semillas,
lianas, enredaderas,
así, junto a tus pasos,
va creciendo la tierra.

Ah viajero,
no es niebla,
ni silencio,
ni muerte,
lo que viaja contigo,
sino
tú mismo con tus muchas vidas.

Así es como, a caballo,
cruzando
colinas y praderas,
en invierno,
una vez más me equivoqué:
creía
caminar por los caminos:
no era verdad,
porque
a través de mi alma
fui viajero
y regresé
cuando no tuve
ya secretos
para la tierra
y
ella

los repetía con su idioma.

En cada hoja está mi nombre escrito.
La piedra es mi familia.

De una manera o de otra
hablamos o callamos
con la tierra.

[TLO]

Oda a unas flores amarillas

Contra el azul moviendo sus azules,
el mar, y contra el cielo,
unas flores amarillas

Octubre llega.

Y aunque sea
tan importante el mar desarrollando
su mito, su misión, su levadura,
estalla
sobre la arena el oro
de una sola
planta amarilla
y se amarran
tus ojos
a la tierra,
huyen del magno mar y sus latidos.

Polvo somos, seremos.

Ni aire, ni fuego, ni agua
sino
tierra,
sólo tierra
seremos
y tal vez
unas flores amarillas.

[*TLO*]

Oda al doble otoño

Está viviendo el mar mientras la tierra
no tiene movimiento:
el grave otoño
de la costa
cubre
con su muerte
la luz inmóvil
de la tierra,
pero
el mar errante, el mar
sigue viviendo.

No hay
una
sola
gota
de
sueño,
muerte
o
noche

en su
combate:
todas
las máquinas
del agua, las azules
calderas,
las crepitantes fábricas
del viento
coronando
las olas
con
sus violentas flores,
todo
vivo
como
las vísceras
del toro,
como
el fuego
en la música,
como
el acto
de la unión amorosa.

Siempre fueron oscuros
los
trabajos
del otoño
en la tierra:
inmóviles
raíces, semillas
sumergidas
en el tiempo
y arriba
sólo

la corola del frío,
un vago
aroma de hojas
disolviéndose
en
oro:
nada.
Un hacha
en el bosque
rompe
un tronco de cristales,
luego
cae
la tarde
y la tierra
pone sobre su rostro
una máscara
negra.

Pero
el mar
no descansa, no duerme, no se ha muerto.
Crece en la noche
su barriga
que combaron
las estrellas
mojadas, como trigo en el alba,
crece,
palpita
y llora
como un niño
perdido
que sólo con el golpe
de la aurora,
como un tambor, despierta,

gigantesco,
y se mueve.
Todas sus manos mueve,
su incesante organismo,
su dentadura extensa,
sus negocios
de sal, de sol, de plata,
todo
lo mueve, lo remueve
con sus arrasadores
manantiales,
con el combate
de su movimiento,
mientras
transcurre
el triste
otoño
de la tierra.

[*TLO*]

Oda al tiempo venidero

Tiempo, me llamas. Antes
eras
espacio puro,
ancha pradera.
Hoy
hilo o gota
eres,
luz delgada
que corre como liebre hacia las zarzas
de la cóncava noche.

Pero,
ahora
me dices, tiempo, aquello
que ayer no me dijiste:

tus pasos apresura,
tu corazón reposa,
desarrolla tu canto.

El mismo soy. No soy? Quién, en el cauce
de las aguas que corren
identifica el río?

Sólo sé que allí mismo,
en una sola
puerta
mi corazón golpea,
desde ayer, desde lejos,
desde entonces,
desde mi nacimiento.

Allí
donde responde
el eco oscuro
del mar
que canta y canto
y que
conozco
sólo
por un ciego silbido,
por un rayo
en las olas,
por sus anchas espumas en la noche

Así, pues, tiempo, en vano
me has medido,

en vano transcurriste
adelantando
caminos al errante.

Junto a una sola puerta
pasé toda la noche,
solitario, cantando.

Y ahora
que tu luz se adelgaza
como animal que corre
perdiéndose en la sombra
me dices,
al oído,
lo que no me enseñaste
y supe siempre.

                                    [*TLO*]

Pido silencio

Ahora me dejen tranquilo.
Ahora se acostumbren sin mí.

Yo voy a cerrar los ojos.

Y sólo quiero cinco cosas,
cinco raíces preferidas.

Una es el amor sin fin.

Lo segundo es ver el otoño.
No puedo ser sin que las hojas
vuelen y vuelvan a la tierra.

Lo tercero es el grave invierno,
la lluvia que amé, la caricia
del fuego en el frío silvestre.

En cuarto lugar el verano
redondo como una sandía.

La quinta cosa son tus ojos,
Matilde mía, bienamada,
no quiero dormir sin tus ojos,
no quiero ser sin que me mires:
yo cambio la primavera
por que tú me sigas mirando.

Amigos, eso es cuanto quiero.
Es casi nada y casi todo.

Ahora si quieren se vayan.

He vivido tanto que un día
tendrán que olvidarme por fuerza,
borrándome de la pizarra:
mi corazón fue interminable.

Pero porque pido silencio
no crean que voy a morirme:
me pasa todo lo contrario:
sucede que voy a vivirme.

Sucede que soy y que sigo.

No será, pues, sino que adentro
de mí crecerán cereales,
primero los granos que rompen
la tierra para ver la luz,

pero la madre tierra es oscura:
y dentro de mí soy oscuro:
soy como un pozo en cuyas aguas
la noche deja sus estrellas
y sigue sola por el campo.

Se trata de que tanto he vivido
que quiero vivir otro tanto.

Nunca me sentí tan sonoro,
nunca he tenido tantos besos.

Ahora, como siempre, es temprano.
Vuela la luz con sus abejas.

Déjenme solo con el día.
Pido permiso para nacer.

[ETV]

A callarse

Ahora contaremos doce
y nos quedamos todos quietos.

Por una vez sobre la tierra
no hablemos en ningún idioma,
por un segundo detengámonos,
no movamos tanto los brazos.

Sería un minuto fragante,
sin prisa, sin locomotoras,

todos estaríamos juntos
en una inquietud instantánea.

Los pescadores del mar frío
no harían daño a las ballenas
y el trabajador de la sal
miraría sus manos rotas.

Los que preparan guerras verdes,
guerras de gas, guerras de fuego,
victorias sin sobrevivientes,
se pondrían un traje puro
y andarían con sus hermanos
por la sombra, sin hacer nada.

No se confunda lo que quiero
con la inacción definitiva:
la vida es sólo lo que se hace,
no quiero nada con la muerte.

Si no pudimos ser unánimes
moviendo tanto nuestras vidas,
tal vez no hacer nada una vez,
tal vez un gran silencio pueda
interrumpir esta tristeza,
este no entendernos jamás
y amenazarnos con la muerte,
tal vez la tierra nos enseñe
cuando todo parece muerto
y luego todo estaba vivo.

Ahora contaré hasta doce
y tú te callas y me voy.

[ETV]

Regreso a una ciudad

A qué he venido? les pregunto.

Quién soy en esta ciudad muerta?

No encuentro la calle ni el techo
de la loca que me quería.

Los cuervos, no hay duda, en las ramas,
el monzón verde y furibundo,
el escupitajo escarlata
en las calles desmoronadas,
el aire espeso, pero dónde,
pero dónde estuve, quién fui?
No entiendo sino las cenizas.

El vendedor de betel mira
sin reconocer mis zapatos,
mi rostro recién resurrecto.
Tal vez su abuelo me diría:
«Salam», pero sucede
que se cayó mientras volaba,
se cayó al pozo de la muerte.

En tal edificio dormí
catorce meses y sus años,
escribí desdichas,
mordí
la inocencia de la amargura,
y ahora paso y no está la puerta:
la lluvia ha trabajado mucho.

Ahora me doy cuenta que he sido
no sólo un hombre sino varios
y que cuantas veces he muerto,

sin saber cómo he revivido,
como si cambiara de traje
me puse a vivir otra vida
y aquí me tienen sin que sepa
por qué no reconozco a nadie,
por qué nadie me reconoce,
si todos fallecieron aquí
y yo soy entre tanto olvido
un pájaro sobreviviente
o al revés la ciudad me mira
y sabe que yo soy un muerto.

Ando por bazares de seda
y por mercados miserables.
Me cuesta creer que las calles
son las mismas, los ojos negros
duros como puntas de clavo
golpean contra mis miradas,
y la pálida Pagoda de Oro
con su inmóvil idolatría
ya no tiene ojos, ya no tiene
manos, ya no tiene fuego.
Adiós, calles sucias del tiempo,
adiós, adiós, amor perdido,
regreso al vino de mi casa,
regreso al amor de mi amada,
a lo que fui y a lo que soy,
agua y sol, tierras con manzanas,
meses con labios y con nombres,
regreso para no volver,
nunca más quiero equivocarme,
es peligroso caminar
hacia atrás porque de repente
es una cárcel el pasado.

[ETV]

Con ella

Como es duro este tiempo, espérame:
vamos a vivirlo con ganas.
Dame tu pequeñita mano:
vamos a subir y sufrir,
vamos a sentir y saltar.

Somos de nuevo la pareja
que vivió en lugares hirsutos,
en nidos ásperos de roca.
Como es largo este tiempo, espérame
con una cesta, con tu pala,
con tus zapatos y tu ropa.

Ahora nos necesitamos
no sólo para los claveles,
no sólo para buscar miel:
necesitamos nuestras manos
para lavar y hacer el fuego,
y que se atreva el tiempo duro
a desafiar el infinito
de cuatro manos y cuatro ojos.

                                              [*ETV*]

No tan alto

De cuando en cuando y a lo lejos
hay que darse un baño de tumba.

Sin duda todo está muy bien
y todo está muy mal, sin duda.

Van y vienen los pasajeros,
crecen los niños y las calles,
por fin compramos la guitarra
que lloraba sola en la tienda.

Todo está bien, todo está mal.

Las copas se llenan y vuelven
naturalmente a estar vacías
y a veces en la madrugada,
se mueren misteriosamente.

Las copas y los que bebieron.

Hemos crecido tanto que ahora
no saludamos al vecino
y tantas mujeres nos aman
que no sabemos cómo hacerlo.

Qué ropas hermosas llevamos!
Y qué importantes opiniones!

Conocí a un hombre amarillo
que se creía anaranjado
y a un negro vestido de rubio.

Se ven y se ven tantas cosas.

Vi festejados los ladrones
por caballeros impecables
y esto se pasaba en inglés.
Y vi a los honrados, hambrientos,
buscando pan en la basura.

Yo sé que no me cree nadie.
Pero lo he visto con mis ojos.

Hay que darse un baño de tumba
y desde la tierra cerrada
mirar hacia arriba el orgullo.

Entonces se aprende a medir.
Se aprende a hablar, se aprende a ser.
Tal vez no seremos tan locos,
tal vez no seremos tan cuerdos.
Aprenderemos a morir.
A ser barro, a no tener ojos.
A ser apellido olvidado.

Hay unos poetas tan grandes
que no caben en una puerta
y unos negociantes veloces
que no recuerdan la pobreza.
Hay mujeres que no entrarán
por el ojo de una cebolla
y hay tantas cosas, tantas cosas,
y así son, y así no serán.

Si quieren no me crean nada.

Sólo quise enseñarles algo.

Yo soy profesor de la vida,
vago estudiante de la muerte
y si lo que sé no les sirve
no he dicho nada, sino todo.

                                                    [*ETV*]

Punto

No hay espacio más ancho que el dolor,
no hay universo como aquel que sangra.

                                                    [*ETV*]

El miedo

Todos me piden que dé saltos,
que tonifique y que futbole,
que corra, que nade y que vuele.
Muy bien.

Todos me aconsejan reposo,
todos me destinan doctores,
mirándome de cierta manera.
Qué pasa?

Todos me aconsejan que viaje,
que entre y que salga, que no viaje,
que me muera y que no me muera.
No importa.

Todos ven las dificultades
de mis vísceras sorprendidas
por radioterribles retratos.
No estoy de acuerdo.

Todos pican mi poesía
con invencibles tenedores
buscando, sin duda, una mosca.
Tengo miedo.

Tengo miedo de todo el mundo,
del agua fría, de la muerte.
Soy como todos los mortales,
inaplazable.

Por eso en estos cortos días
no voy a tomarlos en cuenta,

voy a abrirme y voy a encerrarme
con mi más pérfido enemigo,
Pablo Neruda.

[*ETV*]

Muchos somos

De tantos hombres que soy, que somos,
no puedo encontrar a ninguno:
se me pierden bajo la ropa,
se fueron a otra ciudad.

Cuando todo está preparado
para mostrarme inteligente
el tonto que llevo escondido
se toma la palabra en mi boca.

Otras veces me duermo en medio
de la sociedad distinguida
y cuando busco en mí al valiente,
un cobarde que no conozco
corre a tomar con mi esqueleto
mil deliciosas precauciones.

Cuando arde una casa estimada
en vez del bombero que llamo
se precipita el incendiario
y ése soy yo. No tengo arreglo.
Qué debo hacer para escogerme?

Cómo puedo rehabilitarme?
Todos los libros que leo

celebran héroes refulgentes
siempre seguros de sí mismos:
me muero de envidia por ellos,
y en los filmes de vientos y balas
me quedo envidiando al jinete,
me quedo admirando al caballo.

Pero cuando pido al intrépido
me sale el viejo perezoso,
y así yo no sé quién soy,
no sé cuántos soy o seremos.
Me gustaría tocar un timbre
y sacar el mí verdadero
porque si yo me necesito
no debo desaparecerme.

Mientras escribo estoy ausente
y cuando vuelvo ya he partido:
voy a ver si a las otras gentes
les pasa lo que a mí me pasa,
si son tantos como soy yo,
si se parecen a sí mismos
y cuando lo haya averiguado
voy a aprender tan bien las cosas
que para explicar mis problemas
les hablaré de geografía.

[ETV]

Escapatoria

Casi pensé durmiendo,
casi soñé en el polvo,

en la lluvia del sueño.
Sentí los dientes viejos
al dormirme, tal vez
poco a poco me voy
transformando en caballo.

Sentí el olor del pasto
duro, de cordilleras,
y galopé hacia el agua,
hacia las cuatro puntas
tempestuosas del viento.

Es bueno ser caballo
suelto en la luz de junio
cerca de Selva Negra
donde corren los ríos
socavando espesura:
el aire peina allí
las alas del caballo
y circula en la sangre
la lengua del follaje.

Galopé aquella noche
sin fin, sin patria, solo,
pisando barro y trigo,
sueños y manantiales.
Dejé atrás como siglos
los bosques arrugados,
los árboles que hablaban,
las capitales verdes,
las familias del suelo.

Volví de mis regiones,
regresé a no soñar
por las calles, a ser

este viajero gris
de las peluquerías,
este yo con zapatos,
con hambre, con anteojos,
que no sabe de dónde
volvió, que se ha perdido,
que se levanta sin
pradera en la mañana,
que se acuesta sin ojos
para soñar sin lluvia.

Apenas se descuiden
me voy para Renaico.

[ETV]

La desdichada

La dejé en la puerta esperando
y me fui para no volver.

No supo que no volvería.

Pasó un perro, pasó una monja,
pasó una semana y un año.

Las lluvias borraron mis pasos
y creció el pasto en la calle,
y uno tras otro como piedras,
como lentas piedras, los años
cayeron sobre su cabeza.

Entonces la guerra llegó,
llegó como un volcán sangriento.
Murieron los niños, las casas.

Y aquella mujer no moría.

Se incendió toda la pradera.
Los dulces dioses amarillos
que hace mil años meditaban
salieron del templo en pedazos.
No pudieron seguir soñando.

Las casas frescas y el *verandah*
en que dormí sobre una hamaca,
las plantas rosadas, las hojas
con formas de manos gigantes,
las chimeneas, las marimbas,
todo fue molido y quemado.

En donde estuvo la ciudad
quedaron cosas cenicientas,
hierros torcidos, infernales
cabelleras de estatuas muertas
y una negra mancha de sangre.

Y aquella mujer esperando.

[ETV]

Pastoral

Voy copiando montañas, ríos, nubes,
saco mi pluma del bolsillo, anoto
un pájaro que sube
o una araña en su fábrica de seda,
no se me ocurre nada más: soy aire,
aire abierto, donde circula el trigo

y me conmueve un vuelo, la insegura
dirección de una hoja, el redondo
ojo de un pez inmóvil en el lago,
las estatuas que vuelan en las nubes,
las multiplicaciones de la lluvia.

No se me ocurre más que el transparente
estío, no canto más que el viento,
y así pasa la historia con su carro
recogiendo mortajas y medallas,
y pasa, y yo no siento sino ríos,
me quedo solo con la primavera.
Pastor, pastor, no sabes
que te esperan?

Lo sé, lo sé, pero aquí junto al agua,
mientras crepitan y arden las cigarras
aunque me esperen yo quiero esperarme,
yo también quiero verme,
quiero saber al fin cómo me siento,
y cuando llegue donde yo me espero
voy a dormirme muerto de la risa.

                                        [*ETV*]

Sobre mi mala educación

Cuál es el cuál, cuál es el cómo?
Quién sabe cómo conducirse?

Qué naturales son los peces!
Nunca parecen inoportunos.
Están en el mar invitados

y se visten correctamente
sin una escama de menos,
condecorados por el agua.

Yo todos los días pongo
no sólo los pies en el plato,
sino los codos, los riñones,
la lira, el alma, la escopeta.

No sé qué hacer con las manos
y he pensado venir sin ellas,
pero dónde pongo el anillo?
Qué pavorosa incertidumbre!

Y luego no conozco a nadie.
No recuerdo sus apellidos.

—Me parece conocer a usted.
—No es usted un contrabandista?
—Y usted, señora, no es la amante
del alcohólico poeta
que se paseaba sin cesar,
sin rumbo fijo por las cornisas?
—Voló porque tenía alas.
—Y usted continúa terrestre.
—Me gustaría haberla entregado
como india viuda a un gran brasero.
No podríamos quemarla ahora?
Resultaría palpitante!

Otra vez en una Embajada
me enamoré de una morena,
no quiso desnudarse allí,
y yo se lo increpé con dureza:
estás locas, estatua silvestre,
cómo puedes andar vestida?

Me desterraron duramente
de ésa y de otras reuniones,
si por error me aproximaba
cerraban ventanas y puertas.

Anduve entonces con gitanos
y con prestidigitadores,
con marineros sin buque,
con pescadores sin pescado,
pero todos tenían reglas,
inconcebibles protocolos
y mi educación lamentable
me trajo malas consecuencias.

Pero eso no voy y no vengo,
no me visto ni ando desnudo,
eché al pozo los tenedores,
las cucharas y los cuchillos.
Sólo me sonrío a mí solo,
no hago preguntas indiscretas
y cuando vienen a buscarme,
con gran honor, a los banquetes,
mando mi ropa, mis zapatos,
mi camisa con mi sombrero,
pero aun así no se contentan:
iba sin corbata mi traje.

Así, para salir de dudas
me decidí a una vida honrada
de la más activa pereza,
purifiqué mis intenciones,
salí a comer conmigo solo
v así me fui quedando mudo.
A veces me saqué a bailar,
pero sin gran entusiasmo,

y me acuesto solo, sin ganas,
por no equivocarme de cuarto.

Adiós, porque vengo llegando.

Buenos días, me voy de prisa.

Cuando quieran verme ya saben:
búsquenme donde no estoy
y si les sobra tiempo y boca
pueden hablar con mi retrato.

[ETV]

Las viejas del océano

Al grave mar vienen las viejas
con anudados pañolones,
con frágiles pies quebradizos.

Se sientan solas en la orilla
sin cambiar de ojos ni de manos,
sin cambiar de nube o silencio.

El mar obsceno rompe y rasga,
desciende montes de trompetas,
sacude sus barbas de toro.

Las suaves señoras sentadas
como en un barco transparente
miran las olas terroristas.

Dónde irán y dónde estuvieron?
Vienen de todos los rincones,
vienen de nuestra propia vida.

Ahora tienen el océano,
el frío y ardiente vacío,
la soledad llena de llamas.

Vienen de todos los pasados,
de casas que fueron fragantes,
de crepúsculos quemados.

Miran o no miran el mar,
con el bastón escriben signos,
y borra el mar su caligrafía.

Las viejas se van levantando
con sus frágiles pies de pájaro,
mientras las olas desbocadas
viajan desnudas en el viento.

[*ETV*]

Estación inmóvil

Quiero no saber ni soñar.
Quién puede enseñarme a no ser,
a vivir sin seguir viviendo?

Cómo continúa el agua?
Cuál es el cielo de las piedras?

Inmóvil, hasta que detengan
las migraciones su apogeo
y luego vuelen con sus flechas
hacia el archipiélago frío.

Inmóvil, con secreta vida
como una ciudad subterránea
para que resbalen los días
como gotas inabarcables:
nada se gasta ni se muere
hasta nuestra resurrección,
hasta regresar con los pasos
de la primavera enterrada,
de lo que yacía perdido,
inacabablemente inmóvil
y que ahora sube desde no ser
a ser una rama florida.

[*ETV*]

Itinerarios

En tantas ciudades estuve
que ya la memoria me falta
y no sé ni cómo ni cuándo.

Aquellos perros de Calcuta
que ondulaban y que sonaban
todo el día como campanas,
y en Durango, qué anduve haciendo?

Para qué me casé en Batavia?

Fui caballero sin castillo,
improcedente pasajero,
persona sin ropa y sin oro,
idiota puro y errante.

Qué anduve buscando en Toledo,
en esa pútrida huesera
que tiene sólo cascarones
con fantasmas de medio pelo?

Pero qué viví en Rangoon de Birmania,
la capital excrementicia
de mis navegantes dolores?

Y que me digan los que saben
qué se me perdió en Veracruz,
por qué estuve cincuenta veces
refregándome y maldiciendo
en esa tutelar estufa
de borrachos y de jazmines.

También estuve en Capri amando
como los sultanes caídos,
mi corazón reconstruyó
sus camas y sus carreteras,
pero, la verdad, por qué allí?
Qué tengo que ver con las islas?

Aquella noche me esperaban
con fuego y velas encendidas,
los pinos susurraban cosas
en su melancólico idioma
y allí reuní mi razón
con mi corazón desbordado.

Recuerdo días de Colombo
excesivamente fragantes,
embriagadoramente rojos.
Se perdieron aquellos días
y en el fondo de mi memoria
llueve la lluvia de Carahue.

Por qué, por qué tantos caminos,
tantas ciudades hostiles?
Qué saqué de tantos mercados?
Cuál es la flor que yo buscaba?
Por qué me moví de mi silla
y me vestí de tempestuoso?

Nadie lo sabe ni lo ignora:
es lo que pasa a todo el mundo:
se mueve la sombra en la tierra
y el alma del hombre es de sombra,
por eso se mueve.

Muchas veces cuando despierto
no sé dónde estoy acostado
y aguzo el oído hasta que llegan
los frescos rumores del día:
voy reconociendo las olas
o el golpe del picapedrero,
los gritos de los desdentados,
el silbido de la corriente,
y si me equivoco de sueños
como una nave equivocada
busco la tierra que amanece
para confirmar mi camino.

De pronto cuando voy andando
sale de pronto de algún sitio
un olor a piedra o a lluvia,
algo infinitamente puro
que sube yo no sé de dónde
y me conversa sin palabras,
y yo reconozco la boca
que no está allí, que sigue hablando.

Busco de dónde es ese aroma,
de qué ciudad, de qué camino,
sé que alguien me está buscando,
alguien perdido en las tinieblas.
Y no sé, si alguien me ha besado,
qué significan esos besos.

Tal vez debo arreglar mis cosas
comenzando por mi cabeza:
voy a numerar con cuadritos
mi cerebro y mi cerebelo
y cuando me salga un recuerdo
diré «número ciento y tantos».
Entonces reconoceré
el muro y las enredaderas
y tal vez voy a entretenerme
poniendo nombres al olvido.

De todas maneras aquí
me propongo terminar esto,
y antes de volver al Brasil
pasando por Antofagasta
en Isla Negra los espero,
entre ayer y Valparaíso.

Dónde estará la Guillermina?

Dónde estará la Guillermina?

Cuando mi hermana la invitó
v vo salí a abrirle la puerta,
entró el sol, entraron estrellas,

entraron dos trenzas de trigo
y dos ojos interminables.

Yo tenía catorce años
y era orgullosamente oscuro,
delgado, ceñido y fruncido,
funeral y ceremonioso:
yo vivía con las arañas,
humedecido por el bosque,
me conocían los coleópteros
y las abejas tricolores,
yo dormía con las perdices
sumergido bajo la menta.

Entonces entró la Guillermina
con dos relámpagos azules
que me atravesaron el pelo
y me clavaron como espadas
contra los muros del invierno.
Esto sucedió en Temuco.
Allá en el Sur, en la frontera.

Han pasado lentos los años
pisando como paquidermos,
ladrando como zorros locos,
han pasado impuros los años
crecientes, raídos, mortuorios,
y yo anduve de nube en nube,
de tierra en tierra, de ojo en ojo,
mientras la lluvia en la frontera
caía, con el mismo traje.

Mi corazón ha caminado
con intransferibles zapatos,

y he digerido las espinas:
no tuve tregua donde estuve:
donde yo pegué me pegaron,
donde me mataron caí
y resucité con frescura,
y luego y luego y luego y luego,
es tan largo contar las cosas.

No tengo nada que añadir.

Vine a vivir en este mundo.

Dónde estará la Guillermina?

                                              [ETV]

Desconocidos en la orilla

He vuelto y todavía el mar
me dirige extrañas espumas,
no se acostumbra con mis ojos,
la arena no me reconoce.

No tiene sentido volver
sin anunciarse, al océano:
él no sabe que uno volvió
ni sabe que uno estuvo ausente
y está tan ocupada el agua
con tantos asuntos azules
que uno ha llegado y no se sabe:
las olas mantienen su canto
y aunque el mar tiene muchas manos,

muchas bocas y muchos besos
no te ha dado nadie la mano,
no te besa ninguna boca
y hay que darse cuenta de pronto
de la poca cosa que somos:
ya nos creíamos amigos,
volvemos abriendo los brazos
y aquí está el mar, sigue su baile
sin preocuparse de nosotros.

Tendré que esperar la neblina,
la sal aérea, el sol disperso,
que el mar respire y me respire,
porque no sólo es agua el agua
sino invasiones vaporosas,
y en el aire siguen las olas
como caballos invisibles.

Por eso tengo que aprender
a nadar dentro de mis sueños,
no vaya a venir el mar
a verme cuando esté dormido!
Si así sucede estará bien
y cuando despierte mañana,
las piedras mojadas, la arena
y el gran movimiento sonoro
sabrán quién soy y por qué vuelvo,
me aceptarán en su instituto.

Y yo seré otra vez feliz
en la soledad de la arena,
desarrollado por el viento
y estimado por la marina.

[ETV]

Carta para que me manden madera

Ahora para hacer la casa,
tráiganme maderas del Sur,
tráiganme tablas y tablones,
vigas, listones, tejuelas,
quiero ver llegar el perfume,
quiero que suenen descargando
el sonido del Sur que traen.

Cómo puedo vivir tan lejos
de lo que amé, de lo que amo?
De las estaciones envueltas
por vapor y por humo frío?
Aunque murió hace tantos años
por allí debe andar mi padre
con el poncho lleno de gotas
y la barba color de cuero.

La barba color de cebada
que recorría los ramales,
el corazón del aguacero,
y que alguien se mida conmigo
a tener padre tan errante,
a tener padre tan llovido:
su tren iba desesperado
entre las piedras de Carahue,
por los rieles de Colli-Pulli,
en las lluvias de Puerto Varas.
Mientras yo acechaba perdices
o coleópteros violentos,
buscaba el color del relámpago,
buscaba un aroma indeleble,
flor arbitraria o miel salvaje,

mi padre no perdía el tiempo:
sobre el invierno establecía
el sol de sus ferrocarriles.

Yo perdí la lluvia y el viento
y qué he ganado, me pregunto?
Porque perdí la sombra verde
a veces me ahogo y me muero:
es mi alma que no está contenta
y busca bajo mis zapatos
cosas gastadas o perdidas.
Tal vez aquella tierra triste
se mueve en mí como un navío:
pero yo cambié de planeta.

La lluvia ya no me conoce.

Y ahora para las paredes,
para las ventanas y el suelo,
para el techo, para las sábanas,
para los platos y la mesa
tráiganme maderas oscuras
secretas como la montaña,
tablas claras y tablas rojas,
alerce, avellano, mañío,
laurel, raulí y ulmo fragante,
todo lo que fue creciendo
secretamente en la espesura,
lo que fue creciendo conmigo:
tienen mi edad esas maderas,
tuvimos las mismas raíces.

Cuando se abra la puerta y entren
los fragmentos de la montaña
voy a respirar y tocar

lo que yo tal vez sigo siendo:
madera de los bosques fríos,
madera dura de Temuco,
y luego veré que el perfume
irá construyendo mi casa,
se levantarán las paredes
con los susurros que perdí,
con lo que pasaba en la selva,
y estaré contento de estar
rodeado por tanta pureza,
por tanto silencio que vuelve
a conversar con mi silencio.

                                         [*ETV*]

Testamento de otoño (fragmentos)

EL POETA ENTRA A CONTAR SU CONDICION
Y PREDILECCIONES

Entre morir y no morir
me decidí por la guitarra
y en esta intensa profesión
mi corazón no tiene tregua,
porque donde menos me esperan
yo llegaré con mi equipaje
a cosechar el primer vino
en los sombreros del otoño.

Entraré si cierran la puerta
y si me reciben me voy,
no soy de aquellos navegantes

que se extravían en el hielo:
yo me acomodo como el viento,
con las hojas más amarillas,
con los capítulos caídos
de los ojos de las estatuas
y si en alguna parte descanso
es en la propia nuez del fuego,
en lo que palpita y crepita
y luego viaja sin destino.

A lo largo de los renglones
habrás encontrado tu nombre,
lo siento muchísimo poco,
no se trataba de otra cosa
sino de muchísimas más,
porque eres y porque no eres
y esto le pasa a todo el mundo,
nadie se da cuenta de todo
y cuando se suman las cifras
todos éramos falsos ricos:
ahora somos nuevos pobres.

HABLA DE SUS ENEMIGOS Y LES PARTICIPA SU HERENCIA

He sido cortado en pedazos
por rencorosas alimañas
que parecían invencibles.
Yo me acostumbré en el mar
a comer pepinos de sombra,
extrañas variedades de ámbar
y a entrar en ciudades perdidas
con camiseta y armadura
de tal manera que te matan
y tú te mueres de la risa.

Dejo pues a los que ladraron
mis pestañas de caminante,
mi predilección por la sal,
la dirección de mi sonrisa
para que todo lo lleven
con discreción, si son capaces:
ya que no pudieron matarme
no puedo impedirles después
que no se vistan con mi ropa,
que no aparezcan los domingos
con trocitos de mi cadáver,
certeramente disfrazados.
Si no dejé tranquilo a nadie
no me van a dejar tranquilo,
y se verá y eso no importa:
publicarán mis calcetines.

....

TERMINA SU LIBRO EL POETA HABLANDO
DE SUS VARIADAS TRANSFORMACIONES
Y CONFIRMANDO SU FE EN LA POESIA

De tantas veces que he nacido
tengo una experiencia salobre
como criatura del mar
con celestiales atavismos
y con destinación terrestre.
Y así me muevo sin saber
a qué mundo voy a volver
o si voy a seguir viviendo.
Mientras se resuelven las cosas
aquí dejé mi testimonio,
mi navegante estravagario
para que leyéndolo mucho
nadie pudiera aprender nada,

sino el movimiento perpetuo
de un hombre claro y confundido,
de un hombre lluvioso y alegre,
enérgico y otoñabundo.

Y ahora detrás de esta hoja
me voy y no desaparezco:
daré un salto en la transparencia
como un nadador del cielo,
y luego volveré a crecer
hasta ser tan pequeño un día
que el viento me llevará
y no sabré cómo me llamo
y no seré cuando despierte:

entonces cantaré en silencio.

[*ETV*]

El barco

Pero si ya pagamos nuestros pasajes en este mundo
por qué, por qué no nos dejan sentarnos y comer?
Queremos mirar las nubes,
queremos tomar el sol y oler la sal,
francamente no se trata de molestar a nadie,
es tan sencillo: somos pasajeros.

Todos vamos pasando y el tiempo con nosotros:
pasa el mar, se despide la rosa,
pasa la tierra por la sombra y por la luz,
y ustedes y nosotros pasamos, pasajeros.

Entonces, qué les pasa?
Por qué andan tan furiosos?
A quién andan buscando con revólver?

Nosotros no sabíamos
que todo lo tenían ocupado,
las copas, los asientos,
las camas, los espejos,
el mar, el vino, el·cielo.

Ahora resulta
que no tenemos mesa.
No puede ser, pensamos.
No pueden convencernos.
Estaba oscuro cuando llegamos al barco.
Estábamos desnudos.
Todos llegábamos del mismo sitio.
Todos veníamos de mujer y de hombre.
Todos tuvimos hambre y pronto dientes.
A todos nos crecieron las manos y los ojos
para trabajar y desear lo que existe.

Y ahora nos salen con que no podemos,
que no hay sitio en el barco,
no quieren saludarnos,
no quieren jugar con nosotros.

Por qué tantas ventajas para ustedes?
Quién les dio la cuchara cuando no habían nacido?

Aquí no están contentos,
así no andan las cosas.

No me gusta en el viaje
hallar, en los rincones, la tristeza,
los ojos sin amor o la boca con hambre.

No hay ropa para este creciente otoño
y menos, menos, menos para el próximo invierno.
Y sin zapatos cómo vamos a dar la vuelta
al mundo, a tanta piedra en los caminos?
Sin mesa dónde vamos a comer,
dónde nos sentaremos si no tenemos silla?
Si es una broma triste, decídanse, señores,
a terminarla pronto,
a hablar en serio ahora.

Después el mar es duro.

Y llueve sangre.

[NYR]

Soneto I

Matilde, nombre de planta o piedra o vino,
de lo que nace de la tierra y dura,
palabra en cuyo crecimiento amanece,
en cuyo estío estalla la luz de los limones.

En ese nombre corren navíos de madera
rodeados por enjambres de fuego azul marino,
y esas letras son el agua de un río
que desemboca en mi corazón calcinado.

Oh nombre descubierto bajo una enredadera
como la puerta de un túnel desconocido
que comunica con la fragancia del mundo!

Oh invádeme con tu boca abrasadora,
indágame, si quieres, con tus ojos nocturnos,
pero en tu nombre déjame navegar y dormir.

[CSA]

Soneto XV

Desde hace mucho tiempo la tierra te conoce:
eres compacta como el pan o la madera,
eres cuerpo, racimo de segura substancia,
tienes peso de acacia, de legumbre dorada.

Sé que existes no sólo porque tus ojos vuelan
y dan luz a las cosas como ventana abierta,
sino porque de barro te hicieron y cocieron
en Chillán, en un horno de adobe estupefacto.

Los seres se derraman como aire o agua o frío
y vagos son, se borran al contacto del tiempo,
como si antes de muertos fueran desmenuzados.

Tú caerás conmigo como piedra en la tumba
y así por nuestro amor que no fue consumido
continuará viviendo con nosotros la tierra.

                                                    [*CSA*]

Soneto XXV

Antes de amarte, amor, nada era mío:
vacilé por las calles y las cosas:
nada contaba ni tenía nombre:
el mundo era del aire que esperaba.

Yo conocí salones cenicientos,
túneles habitados por la luna,

hangares crueles que se despedían,
preguntas que insistían en la arena.

Todo estaba vacío, muerto y mudo,
caído, abandonado y decaído,
todo era inalienablemente ajeno,

todo era de los otros y de nadie,
hasta que tu belleza y tu pobreza
llenaron el otoño de regalos.

[CSA]

Soneto XXIX

Vienes de la pobreza de las casas del Sur,
de las regiones duras con frío y terremoto
que cuando hasta sus dioses rodaron a la muerte
nos dieron la lección de la vida en la greda.

Eres un caballito de greda negra, un beso
de barro oscuro, amor, amapola de greda,
paloma del crepúsculo que voló en los caminos,
alcancía con lágrimas de nuestra pobre infancia.

Muchacha, has conservado tu corazón de pobre,
tus pies de pobre acostumbrados a las piedras,
tu boca que no siempre tuvo pan o delicia.

Eres del pobre Sur, de donde viene mi alma:
en su cielo tu madre sigue lavando ropa
con mi madre. Por eso te escogí, compañera.

[CSA]

Soneto XXXI

Con laureles del Sur y orégano de Lota
te corono, pequeña monarca de mis huesos,
y no puede faltarte esa corona
que elabora la tierra con bálsamo y follaje.

Eres, como el que te ama, de las provincias verdes:
de allá trajimos barro que nos corre en la sangre,
en la ciudad andamos, como tantos, perdidos,
temerosos de que cierren el mercado.

Bienamada, tu sombra tiene olor a ciruela,
tus ojos escondieron en el Sur sus raíces,
tu corazón es una paloma de alcancía,

tu cuerpo es liso como las piedras en el agua,
tus besos son racimos con rocío,
y yo a tu lado vivo con la tierra.

[CSA]

Soneto XXXVII

Oh amor, oh rayo loco y amenaza purpúrea,
me visitas y subes por tu fresca escalera
el castillo que el tiempo coronó de neblinas,
las pálidas paredes del corazón cerrado.

Nadie sabrá que sólo fue la delicadeza
construyendo cristales duros como ciudades

y que la sangre abría túneles desdichados
sin que su monarquía derribara el invierno.

Por eso, amor, tu boca, tu piel, tu luz, tus penas,
fueron el patrimonio de la vida, los dones
sagrados de la lluvia, de la naturaleza

que recibe y levanta la gravidez del grano,
la tempestad secreta del vino en las bodegas,
la llamarada del cereal en el suelo.

[CSA]

Soneto XLI

Desdichas del mes de enero cuando el indiferente
mediodía establece su ecuación en el cielo,
un oro duro como el vino de una copa colmada
llena la tierra hasta sus límites azules.

Desdichas de este tiempo parecidas a uvas
pequeñas que agruparon verde amargo,
confusas, escondidas lágrimas de los días,
hasta que la intemperie publicó sus racimos.

Sí, gérmenes, dolores, todo lo que palpita
aterrado, a la luz crepitante de enero,
madurará, arderá como ardieron los frutos.

Divididos serán los pesares: el alma
dará un golpe de viento, y la morada
quedará limpia con el pan fresco en la mesa.

[CSA]

Soneto XLIV

Sabrás que no te amo y que te amo
puesto que de dos modos es la vida,
la palabra es un ala del silencio,
el fuego tiene una mitad de frío.

Yo te amo para comenzar a amarte,
para recomenzar el infinito
y para no dejar de amarte nunca:
por eso no te amo todavía.

Te amo y no te amo como si tuviera
en mis manos las llaves de la dicha
y un incierto destino desdichado.

Mi amor tiene dos vidas para amarte.
Por eso te amo cuando no te amo
y por eso te amo cuando te amo.

[CSA]

Soneto LXVI

No te quiero sino porque te quiero
y de quererte a no quererte llego
y de esperarte cuando no te espero
pasa mi corazón del frío al fuego.

Te quiero sólo porque a ti te quiero,
te odio sin fin, y odiándote te ruego,

y la medida de mi amor viajero
es no verte y amarte como un ciego.

Tal vez consumirá la luz de enero,
su rayo cruel, mi corazón entero,
robándome la llave del sosiego.

En esta historia sólo yo me muero
y moriré de amor porque te quiero,
porque te quiero, amor, a sangre y fuego.

[CSA]

Soneto XC

Pensé morir, sentí de cerca el frío,
y de cuanto viví sólo a ti te dejaba:
tu boca eran mi día y mi noche terrestres
y tu piel la república fundada por mis besos.

En ese instante se terminaron los libros,
la amistad, los tesoros sin tregua acumulados,
la casa transparente que tú y yo construimos:
todo dejó de ser, menos tus ojos.

Porque el amor, mientras la vida nos acosa,
es simplemente una ola alta sobre las olas
pero ay cuando la muerte viene a tocar la puerta

hay sólo tu mirada para tanto vacío,
sólo tu claridad para no seguir siendo,
sólo tu amor para cerrar la sombra.

[CSA]

Escrito en el año 2000

Quiero hablar con las últimas estrellas
ahora, elevado en este monte humano,
solo estoy con la noche compañera
y un corazón gastado por los años:
Llegué de lejos a estas soledades,
tengo derecho al sueño soberano,
a descansar con los ojos abiertos
entre los ojos de los fatigados,
y mientras duerme el hombre con su tribu,
cuando todos los ojos se cerraron,
los pueblos sumergidos de la noche,
el cielo de rosales estrellados,
dejo que el tiempo corra por mi cara
como aire oscuro o corazón mojado
y veo lo que viene y lo que nace,
los dolores que fueron derrotados,
las pobres esperanzas de mi pueblo:
los niños en la escuela con zapatos,
el pan y la justicia repartiéndose
como el sol se reparte en el verano.
Veo la sencillez desarrollada,
la pureza del hombre con su arado
y entre la agricultura voy y vuelvo
sin encontrar inmensos hacendados.
Es tan fácil la luz y no se hallaba:
el amor parecía tan lejano:
estuvo siempre cerca la razón:
nosotros éramos los extraviados
y ya creíamos en un mundo triste
lleno de emperadores y soldados
cuando se vio de pronto que se fueron
para siempre los crueles y los malos

y todo el mundo se quedó tranquilo
en su casa, en la calle, trabajando.
Y ahora ya se sabe que no es bueno
que esté la tierra en unas pocas manos,
que no hay necesidad de andar corriendo
entre gobernadores y juzgados.
Qué sencilla es la paz y qué difícil
embestirse con piedras y con palos
todos los días y todas las noches,
como si ya no fuéramos cristianos.

Alta es la noche y pura como piedra
y con su frío toca mi costado
como diciéndome que duerma pronto,
que ya están mis trabajos terminados.
Pero tengo que hablar con las estrellas,
hablar en un idioma oscuro y claro
y con la noche misma conversar
con sencillez como hermana y hermano.
Me envuelve con fragancia poderosa
y me toca la noche con sus manos:
me doy cuenta que soy aquel nocturno
que dejé atrás en el tiempo lejano
cuando la primavera estudiantil
palpitaba en mi traje provinciano.
Todo el amor de aquel tiempo perdido,
el dolor de un aroma arrebatado,
el color de una calle sin cenizas
el cielo inextinguible de unas manos!
Y luego aquellos climas devorantes
donde mi corazón fue devorado,
los navíos que huían sin destino,
los países oscuros o delgados,
aquella fiebre que tuve en Birmania
y aquel amor que fue crucificado.

Soy sólo hombre y llevo mis castigos
como cualquier mortal apesarado
de amar,a amar, amar, sin que lo amaran
y de no amar habiendo sido amado.
Y surgen las cenizas de una noche,
cerca del mar, en un río sagrado,
y un cadáver oscuro de mujer
ardiendo en un brasero abandonado:
el Irrawadhy desde la espesura
mueve sus aguas y su luz de escualo.
Los pescadores de Ceylán que alzaban
conmigo todo el mar y sus pescados
y las redes chorreando milagrosos
peces de terciopelo colorado
mientras los elefantes esperaban
a que les diera un fruto con mis manos.
Ay cuánto tiempo es el que en mis mejillas
se acumuló como un reloj opaco
que acarrea en su frágil movimiento
un hilo interminablemente largo
que comienza con un niño que llora
y acaba en un viajero con un saco!
Después llegó la guerra y sus dolores
y me tocan los ojos y me buscan
en la noche los muertos españoles,
los busco y no me ven y sin embargo
veo sus apagados resplandores:
Don Antonio morir sin esperanza,
Miguel Hernández muerto en sus prisiones
y el pobre Federico asesinado
por los medioevales malhechores,
por la caterva infiel de los Paneros:
los asesinos de los ruiseñores.

Ay tanta y tanta sombra y tanta sangre
me llaman esta noche por mi nombre:
ahora me tocan con alas heladas
y me señalan su martirio enorme:
nadie los ha vengado, y me lo piden.
Y sólo mi ternura los conoce.

Ay cuánta noche cabe en una noche
sin desbordar esta celeste copa,
suena el silencio de las lejanías
como una inaccesible caracola
y caen en mis manos las estrellas
llenas aún de música y de sombra.
En este espacio el tumultuoso peso
de mi vida no vence ni solloza
y despido al dolor que me visita
como si despidiera a una paloma:
si hay cuentas que sacar hay que sacarlas
con lo que va a venir y que se asoma,
con la felicidad de todo el mundo
y no con lo que el tiempo desmorona.
Y aquí en el cielo de Sierra Maestra
yo sólo alcanzo a saludar la aurora
porque se me hizo tarde en mis quehaceres,
se me pasó la vida en tantas cosas,
que dejo mis trabajos a otras manos
y mi canción la cantará otra boca.
Porque así se encadena la jornada
y floreciendo seguirá la rosa.

No se detiene el hombre en su camino:
otro toma las armas misteriosas:
no tiene fin la primavera humana,
del invierno salió la mariposa
y era mucho más frágil que una flor

por eso su belleza no reposa
y se mueven sus alas de color
con una matemática radiosa.
Y un hombre construyó solo una puerta
y no sacó del mar sino una gota
hasta que de una vida hasta otra vida
levantaremos la ciudad dichosa
con los brazos de los que ya no viven
y con manos que no han nacido ahora.

Es ésa la unidad que alcanzaremos:
la luz organizada por la sombra,
por la continuidad de los deseos
y el tiempo que camina por las horas
hasta que ya todos estén contentos.
Y así comienza una vez más la Historia.
Y así pues, en lo alto de estos montes,
lejos de Chile y de sus cordilleras
recibo mi pasado en una copa
y la levanto por la tierra entera,
y aunque mi patria circule en mi sangre
sin que nunca se apague su carrera
en esta hora mi razón nocturna
señala en Cuba la común bandera
del hemisferio oscuro que esperaba
por fin una victoria verdadera.
La dejo en esta cumbre custodiada,
alta, ondeando sobre las praderas,
indicando a los pueblos agobiados
la dignidad nacida en la pelea:
Cuba es un mástil claro que divisan
a través del espacio y las tinieblas,
es como un árbol que nació en el centro
del mar Caribe y sus antiguas penas:
su follaje se ve de todas partes

y sus semillas van bajo la tierra,
elevando en la América sombría
el edificio de la primavera.

[CDG]

Casa

Tal vez ésta es la casa en que viví
cuando yo no existí ni había tierra,
cuando todo era luna o piedra o sombra,
cuando la luz inmóvil no nacía.
Tal vez entonces está piedra era
mi casa, mis ventanas o mis ojos.
Me recuerda esta rosa de granito
algo que me habitaba o que habité,
cueva o cabeza cósmica de sueños,
copa o castillo o nave o nacimiento.
Toco el tenaz esfuerzo de la roca,
su baluarte golpeado en la salmuera,
y sé que aquí quedaron grietas mías,
arrugadas sustancias que subieron
desde profundidades hasta mi alma,
y piedra fui, piedra seré, por eso
toco esta piedra y para mí no ha muerto:
es lo que fui, lo que seré, reposo
de un combate tan largo como el tiempo.

[PCH]

Fin de fiesta

i

Hoy es el primer día que llueve sobre marzo,
sobre las golondrinas que bailan en la lluvia,

y otra vez en la mesa está el mar,
todo está como estuvo dispuesto entre las olas,
seguramente así seguirá siendo.
Seguirá siendo, pero yo, invisible,
alguna vez ya no podré volver
con brazos, manos, pies, ojos, entendimiento,
enredados en sombra verdadera.

ii

En aquella reunión de tantos invitados
uno por uno fueron regresando a la sombra
y son así las cosas después de las reuniones,
se dispersan palabras, y bocas, y caminos,
pero hacia un solo sitio, hacia no ser, de nuevo
se pusieron a andar todos los separados.

iii

Fin de fiesta... Llueve sobre Isla Negra,
sobre la soledad tumultuosa, la espuma,
el polo centelleante de la sal derribada,
todo se ha detenido menos la luz del mar.
Y adónde iremos?, dicen las cosas sumergidas.
Qué soy?, pregunta por vez primera el alga,
y una ola, otra ola, otra ola responden:
nace y destruye el ritmo y continúa:
la verdad es amargo movimiento.

iv

Poemas deshabitados, entre cielo y otoño,
sin personas, sin gastos de transporte,

quiero que no haya nadie por un momento en mis versos,
no ver en la arena vacía los signos del hombre,
huellas de pies, papeles muertos, estigmas
del pasajero, y ahora
estática niebla, color de marzo, delirio
de aver del mar, petreles, pelícanos, palomas
de la sal, infinito
aire frío,
una vez más antes de meditar y dormir,
antes de usar el tiempo y extenderlo en la noche,
por esta vez la soledad marítima,
boca a boca con el húmedo mes y la agonía
del verano sucio, ver cómo crece el cristal,
cómo sube la piedra a su inexorable silencio,
cómo se derrama el océano sin matar su energía.

v

Nos pasamos la vida preguntando: cuánto?
Y vimos a nuestros padres con el cuánto en los ojos,
en la boca, en las manos, cuánto por aquello,
por esto, cuánto por la tierra, por el kilo de pan,
y también por las espléndidas uvas y por los zapatos.
Cuánto cuesta, señor, cuánto cuesta, nos habíamos
vestido de sonrisas aquel día sin duda
y los padres, con ropa remendada, inseguros
entraban al almacén como a una iglesia terrible.
Pero, después, más lejos fue lo mismo.

vi

Nos gusta a los estetas la moraleja, murió
cuando la poesía enseñaba al hombre a ser hombre
y además le dejaba un fulgor de violeta en el alma.

Por eso si digo dónde y cómo
y en todas partes desde el trono al petróleo
se ensangrentaba el mundo preguntando,
cuánto? y el grano de la cólera crecía
con el cuánto en las sílabas de todos los idiomas,
si digo y sigo seré un violín gastado,
un trovador que agobió la duda y la verdad.

vii

El deber crudo, como es cruda la sangre de una herida
o como es aceptable a pesar de todo el viento frío reciente,
nos hace soldados, nos hace la voz y el paso
de los guerreros, pero es con ternura indecible
que nos llaman la mesa, la silla, la cuchara,
y en plena guerra oímos cómo gritan las copas.
Pero no hay paso atrás! Nosotros escogimos,
nadie pesó en las alas de la balanza
sino nuestra razón abrumadora
y este camino se abrió con nuestra luz:
pasan los hombres sobre lo que hicimos,
y en este pobre orgullo está la vida,
es éste el esplendor organizado.

viii

Fin de fiesta... Es tiempo de agua,
se mueven los ríos subterráneos de Chile
y horadan el fondo fino de los volcanes,
atraviesan el cuarzo y el oro, acarrean silencio.
Son grandes aguas sagradas que apenas conoce el hombre,
se dice mar, se dice Cabo de Hornos,
pero este reino no tiene mancha humana,
la especie aquí no pudo implantar sus comercios,
sus motores, sus minas, sus banderas,

es libre el agua y se sacude sola,
se mueve y lava, lava,
lava piedras, arenas, utensilios, heridos,
no se consume como el fuego sangriento,
no se convierte en polvo ni en ceniza.
....

xii

Espuma blanca, marzo en la Isla, veo
trabajar ola y ola, quebrarse la blancura,
desbordar el océano de su insaciable copa,
el cielo estacionario dividido
por largos lentos vuelos de aves sacerdotales
y llega el amarillo,
cambia el color del mes, crece la barba
del otoño marino,
y yo me llamo Pablo,
soy el mismo hasta ahora,
tengo amor, tengo dudas,
tengo deudas,
tengo el inmenso mar con empleados
que mueven ola y ola,
tengo tanta intemperie que visito
naciones no nacidas:
voy y vengo del mar y sus países,
conozco
los idiomas de la espina,
el diente del pez duro,
escalofrío de las latitudes,
la sangre del coral, la taciturna
noche de la ballena,
porque de tierra en tierra fui avanzando
estuarios, insufribles territorios,

y siempre regresé, no tuve paz:
qué podía decir sin mis raíces?

xiii

Qué podía decir sin tocar tierra?
A quién me dirigía sin la lluvia?
Por eso nunca estuve donde estuve
y no navegué más que de regreso
y de las catedrales no guardé
retrato ni cabellos: he tratado
de fundar piedra mía a plena mano,
con razón, sin razón, con desvarío,
con furia y equilibrio: a toda hora
toqué los territorios del león
y la torre intranquila de la abeja,
por eso cuando vi lo que ya había visto
y toqué tierra y lodo, piedra y espuma mía,
seres que reconocen mis pasos, mi palabra,
plantas ensortijadas que besaban mi boca,
dije: «aquí estoy», me desnudé en la luz,
dejé caer las manos en el mar,
y cuando todo estaba transparente,
bajo la tierra, me quedé tranquilo.

                                            [*CCM*]

Deber del poeta

A quien no escucha el mar en este viernes
por la mañana, a quien adentro de algo,
casa, oficina, fábrica o mujer,
o calle o mina o seco calabozo:
a éste yo acudo y sin hablar ni ver

llego y abro la puerta del encierro
y un sin fin se oye vago en la insistencia,
un largo trueno roto se encadena
al peso del planeta y de la espuma,
surgen los ríos roncos del océano,
vibra veloz en su rosal la estrella
y el mar palpita, muere y continúa.

Así por el destino conducido
debo sin tregua oír y conservar
el lamento marino en mi conciencia,
debo sentir el golpe de agua dura
y recogerlo en una taza eterna
para que donde esté el encarcelado,
donde sufra el castigo del otoño
yo esté presente con una ola errante,
yo circule a través de las ventanas
y al oírme levante la mirada
diciendo: cómo me acercaré al océano?
Y yo transmitiré sin decir nada
los ecos estrellados de la ola,
un quebranto de espuma y arenales,
un susurro de sal que se retira,
el grito gris del ave de la costa.
Y así, por mí, la libertad y el mar
responderán al corazón oscuro.

[*PPS*]

Regresó el caminante

En plena calle me pregunto, dónde
está la ciudad? Se fue, no ha vuelto.

Tal vez ésta es la misma, y tiene casas,
tiene paredes, pero no la encuentro.
No se trata de Pedro ni de Juan,
ni de aquella mujer, ni de aquel árbol,
ya la ciudad aquella se enterró,
se metió en un recinto subterráneo
y otra hora vive, otra y no la misma,
ocupando la línea de las calles,
y un idéntico número en las casas.

El tiempo entonces, lo comprendo, existe,
existe, ya lo sé, pero no entiendo
cómo aquella ciudad que tuvo sangre,
que tuvo tanto cielo para todos,
y de cuya sonrisa a mediodía
se desprendía un cesto de ciruelas,
de aquellas casas con olor a bosque
recién cortado al alba con la sierra,
que seguía cantando junto al agua
de los aserradoros montañosos,
todo lo que era suyo y era mío,
de la ciudad y de la transparencia,
se envolvió en el amor como un secreto
y se dejó caer en el olvido.

Ahora donde estuvo hay otras vidas,
otra razón de ser y otra dureza:
todo está bien, pero por qué no existe?
Por qué razón aquel aroma duerme?
Por qué aquellas campanas se callaron
y dijo adiós la torre de madera?

Tal vez en mí cayó casa por casa
la ciudad, con bodegas destruidas
por la lenta humedad, por el transcurso,

en mí cayó el azul de la farmacia,
el trigo acumulado, la herradura
que colgó de la talabartería,
y en mí cayeron seres que buscaban
como en un pozo el agua oscura.

Entonces yo a qué vengo, a qué he venido.
Aquella que yo amé entre las ciruelas
en el violento estío, aquella clara
como un hacha brillando con la luna,
la de ojos que mordían
como ácido el metal del desamparo,
ella se fue, se fue sin que se fuese,
sin cambiarse de casa ni frontera,
se fue en sí misma, se cayó en el tiempo
hacia atrás, y no cayó en los míos
cuando abría, tal vez, aquellos brazos
que apretaron mi cuerpo, y me llamaba
a lo largo, tal vez, de tantos años,
mientras yo en otra esquina del planeta
en mi distante edad me sumergía.

Acudiré a mí mismo para entrar,
para volver a la ciudad perdida.
En mí debo encontrar a los ausentes,
aquel olor de la maderería,
sigue creciendo sólo en mí tal vez
el trigo que temblaba en la ladera
y en mí debo viajar buscando aquella
que se llevó la lluvia, y no hay remedio,
de otra manera nada vivirá,
debo cuidar yo mismo aquellas calles
y de alguna manera decidir
dónde plantar los árboles, de nuevo.

[PPS]

El pueblo

De aquel hombre me acuerdo y no han pasado
sino dos siglos desde que lo vi,
no anduvo ni a caballo ni en carroza:
a puro pie
deshizo
las distancias
y no llevaba espada ni armadura,
sino redes al hombro,
hacha o martillo o pala,
nunca apaleó a ninguno de su especie:
su hazaña fue contra el agua o la tierra,
contra el trigo para que hubiera pan,
contra el árbol gigante para que diera leña,
contra los muros para abrir las puertas,
contra la arena construyendo muros
y contra el mar para hacerlo parir.

Lo conocí y aún no se me borra.

Cayeron en pedazos las carrozas,
la guerra destruyó puertas y muros,
la ciudad fue un puñado de cenizas,
se hicieron polvo todos los vestidos,
y él para mí subsiste,
sobrevive en la arena,
cuando antes parecía
todo imborrable menos él.

En el ir y venir de las familias
a veces fue mi padre o mi pariente
o apenas si era él o si no era
tal vez aquel que no volvió a su casa

porque el agua o la tierra lo tragaron
o lo mató una máquina o un árbol
o fue aquel enlutado carpintero
que iba detrás del ataúd, sin lágrimas,
alguien en fin que no tenía nombre,
que se llamaba metal o madera,
y a quien miraron otros desde arriba
sin ver la hormiga
sino el hormiguero
y que cuando sus pies no se movían,
porque el pobre cansado había muerto,
no vieron nunca que no lo veían:
había ya otros pies en donde estuvo.

Los otros pies eran él mismo,
también las otras manos,
el hombre sucedía:
cuando ya parecía transcurrido
era el mismo de nuevo,
allí estaba otra vez cavando tierra,
cortando tela, pero sin camisa,
allí estaba y no estaba, como entonces,
se había ido y estaba de nuevo,
y como nunca tuvo cementerio,
ni tumba, ni su nombre fue grabado
sobre la piedra que cortó sudando,
nunca sabía nadie que llegaba
y nadie supo cuando se moría,
así es que sólo cuando el pobre pudo
resucitó otra vez sin ser notado.

Era el hombre sin duda, sin herencia,
sin vaca, sin bandera,
y no se distinguía entre los otros,
los otros que eran él,

desde arriba era gris como el subsuelo,
como el cuero era pardo,
era amarillo cosechando trigo,
era negro debajo de la mina,
era color de piedra en el castillo,
en el barco pesquero era color de atún
y color de caballo en la pradera:
cómo podía nadie distinguirlo
si era el inseparable, el elemento,
tierra, carbón o mar vestido de hombre?

Donde vivió crecía
cuanto el hombre tocaba:
la piedra hostil,
quebrada
por sus manos,
se convertía en orden
y una a una formaron
la recta claridad del edificio,
hizo el pan con sus manos,
movilizó los trenes,
se poblaron de pueblos las distancias,
otros hombres crecieron,
llegaron las abejas,
y porque el hombre crea y multiplica
la primavera caminó al mercado
entre panaderías y palomas.

El padre de los panes fue olvidado,
él que cortó y anduvo, machacando
y abriendo surcos, acarreando arena,
cuando todo existió ya no existía,
él daba su existencia, eso era todo.
Salió a otra parte a trabajar, y luego
se fue a morir rodando

como piedra del río:
aguas abajo lo llevó la muerte.

Yo, que lo conocí, lo vi bajando
hasta no ser sino lo que dejaba:
calles que apenas pudo conocer,
casas que nunca y nunca habitaría.

Y vuelvo a verlo, y cada día espero.

Lo veo en su ataúd y resurrecto.

Lo distingo entre todos
los que son sus iguales
y me parece que no puede ser,
que así no vamos a ninguna parte,
que suceder así no tiene gloria.

Yo creo que en el trono debe estar
este hombre, bien calzado y coronado.

Creo que los que hicieron tantas cosas
deben ser dueños de todas las cosas.
Y los que hacen el pan deben comer!

Y deben tener luz los de la mina!

Basta ya de encadenados grises!

Basta de pálidos desaparecidos!

Ni un hombre más que pase sin que reine.

Ni una sola mujer sin su diadema.

Para todas las manos guantes de oro.

Frutas de sol a todos los oscuros!

Yo conocí aquel hombre y cuando pude,
cuando ya tuve ojos en la cara,
cuando ya tuve la voz en la boca
lo busqué entre las tumbas, y le dije
apretándole un brazo que aún no era polvo:

«Todos se irán, tú quedarás viviente.

Tú encendiste la vida.

Tú hiciste lo que es tuyo.»

Por eso nadie se moleste cuando
parece que estoy solo y no estoy solo,
no estoy con nadie y hablo para todos:

Alguien me está escuchando y no lo saben,
pero aquellos que canto y que lo saben
siguen naciendo y llenarán el mundo.

[PPS]

Primer viaje

No sé cuándo llegamos a Temuco.
Fue impreciso nacer y fue tardío
nacer de veras, lento,
y palpar, conocer, odiar, amar,
todo esto tiene flor y tiene espinas.
Del pecho polvoriento de mi patria
me llevaron sin habla
hasta la lluvia de la Araucanía.

Las tablas de la casa
olían a bosque,
a selva pura.
Desde entonces mi amor
fue maderero
y lo que toco se convierte en bosque.
Se me confunden
los ojos y las hojas,
ciertas mujeres con la primavera
del avellano, el hombre con el árbol,
amo el mundo del viento y del follaje,
no distingo entre labios y raíces.

Del hacha y de la lluvia fue creciendo
la ciudad maderera
recién cortada como
nueva estrella con gotas de resina,
y el serrucho y la sierra
se amaban noche y día
cantando,
trabajando,
y ese sonido agudo de cigarra
levantando un lamento
en la obstinada soledad, regresa
al propio canto mío:
mi corazón sigue cortando el bosque,
cantando con las sierras en la lluvia,
moliendo frío y aserrín y aroma.

                                          [MIN, I]

La mamadre

La mamadre viene por ahí,
con zuecos de madera. Anoche

sopló el viento del polo, se rompieron
los tejados, se cayeron
los muros y los puentes,
aulló la noche entera con sus pumas,
y ahora, en la mañana
de sol helado, llega
mi mamadre, doña
Trinidad Marverde,
dulce como la tímida frescura
del sol en las regiones tempestuosas,
lamparita
menuda y apagándose,
encendiéndose
para que todos vean el camino.

Oh dulce mamadre
—nunca pude
decir madrastra—,
ahora
mi boca tiembla para definirte,
porque apenas
abrí el entendimiento
vi la bondad vestida de pobre trapo oscuro,
la santidad más útil:
la del agua y la harina,
y eso fuiste: la vida te hizo pan
y allí te consumimos,
invierno largo a invierno desolado
con las goteras dentro
de la casa
y tu humildad ubicua
desgranando
el áspero
cereal de la pobreza
como si hubieras ido

repartiendo
un río de diamantes.

Ay mamá, cómo pude
vivir sin recordarte
cada minuto mío?
No es posible. Yo llevo
tu Marverde en mi sangre,
el apellido
del pan que se reparte,
de aquellas
dulces manos
que cortaron del saco de la harina
los calzoncillos de mi infancia,
de la que cocinó, planchó, lavó,
sembró, calmó la fiebre,
y cuando todo estuvo hecho,
y ya podía
yo sostenerme con los pies seguros,
se fue, cumplida, oscura,
al pequeño ataúd
donde por vez primera estuvo ociosa
bajo la dura lluvia de Temuco.

                                        [*MIN, I*]

El padre

El padre brusco vuelve
de sus trenes:
reconocimos
en la noche
el pito
de la locomotora

perforando la lluvia
con un aullido errante,
un lamento nocturno,
y luego
la puerta que temblaba:
el viento en una ráfaga
entraba con mi padre
y entre las dos pisadas y presiones
la casa
se sacudía,
las puertas asustadas
se golpeaban con seco
disparo de pistolas,
las escalas gemían
y una alta voz
recriminaba, hostil,
mientras la tempestuosa
sombra, la lluvia como catarata
despeñada en los techos
ahogaba poco a poco
el mundo
y no se oía nada más que el viento
peleando con la lluvia.

Sin embargo, era diurno.
Capitán de su tren, del alba fría,
y apenas despuntaba
el vago sol, allí estaba su barba,
sus banderas
verdes y rojas, listos los faroles,
el carbón de la máquina en su infierno,
la Estación con los trenes en la bruma
y su deber hacia la geografía.

El ferroviario es marinero en tierra
y en los pequeños puertos sin marina

—pueblos del bosque— el tren corre que corre
desenfrenando la naturaleza,
cumpliendo su navegación terrestre.
Cuando descansa el largo tren
se juntan los amigos,
entran, se abren las puertas de mi infancia,
la mesa se sacude,
al golpe de una mano ferroviaria
chocan los gruesos vasos del hermano
y destella
el fulgor
de los ojos del vino.

Mi pobre padre duro
allí estaba, en el eje de la vida,
la viril amistad, la copa llena.
Su vida fue una rápida milicia
y entre su madrugar y sus caminos,
entre llegar para salir corriendo,
un día con más lluvia que otros días
el conductor José del Carmen Reyes
subió al tren de la muerte y hasta ahora no ha vuelto.

[*MIN*, I]

El primer mar

Descubrí el mar. Salía de Carahue
el Cautín a su desembocadura
y en los barcos de rueda comenzaron
los sueños y la vida a detenerme,
a dejar su pregunta en mis pestañas.
Delgado niño o pájaro,
solitario escolar o pez sombrío,

iba solo en la proa,
desligado
de la fecilidad, mientras
el mundo
de la pequeña nave
me ignoraba
y desataba el hilo
de los acordeones,
comían y cantaban
transeúntes
del agua y del verano,
yo, en la proa, pequeño
inhumano,
perdido,
aún sin razón ni canto,
ni alegría,
atado al movimiento de las aguas
que iban entre los montes apartando
para mí solo aquellas soledades,
para mí solo aquel camino puro,
para mí solo el universo.

Embriaguez de los ríos,
márgenes de espesuras y fragancias,
súbitas piedras, árboles quemados,
y tierra plena y sola.
Hijo de aquellos ríos
me mantuve
corriendo por la tierra,
por las mismas orillas
hacia la misma espuma
y cuando el mar de entonces
se desplomó como una torre herida,
se incorporó encrespado de su furia,
salí de las raíces,

se me agrandó la patria,
se rompió la unidad de la madera:
la cárcel de los bosques
abrió una puerta verde
por donde entró la ola con su trueno
y se extendió mi vida
con un golpe de mar, en el espacio.

[*MIN, I*]

La tierra austral

La gran frontera. Desde
el Bío Bío
hasta Reloncaví, pasando
por
Renaico, Selva Oscura,
Pillanlelbún, Lautaro,
y más allá los huevos de perdices,
los densos musgos de la selva,
las hojas en el humus,
transparentes
—sólo delgados nervios—,
las arañas
de cabellera parda,
una culebra
como un escalofrío
cruza el estero oscuro,
brilla
y desaparece,
los hallazgos
del bosque,
el extravío

bajo
la bóveda, la nave,
la tiniebla del bosque,
sin rumbo,
pequeñísimo, cargado de alimañas,
de frutos, de plumajes,
voy perdido
en la más oscura
entraña de lo verde:
silban aves glaciales,
deja caer un árbol
algo que vuela y cae
sobre mi cabeza.

Estoy solo
en las selvas natales,
en la profunda
y negra Araucanía.
Hay alas
que cortan con tijeras el silencio,
una gota que cae
pesada y fría como
una herradura.
Suena y se calla el bosque:
se calla cuando escucho,
suena cuando me duermo,
entierro
los fatigados pies
en el detritus
de viejas flores, defunciones
de aves, hojas y frutos,
ciego, desesperado,
hasta que un punto brilla:
es una casa.
Estoy vivo de nuevo.

Pero, sólo de entonces,
de los pasos perdidos,
de la confusa soledad, del miedo,
de las enredaderas,
del cataclismo verde, sin salida,
volví con el secreto:
sólo entonces y allí pude saberlo,
en la escarpada orilla de la fiebre,
allí, en la luz sombría,
se decidió mi pacto
con la tierra.

[*MIN, I*]

Aquellas vidas

Este soy, yo diré, para dejar
este pretexto escrito: ésta es mi vida.
Y ya se sabe que no se podía:
que en esta red no sólo el hilo cuenta,
sino el aire que escapa de las redes,
y todo lo demás era inasible:
el tiempo que corrió como una liebre
a través del rocío de febrero
y más nos vale no hablar del amor
que se movía como una cadera
sin dejar donde estuvo tanto fuego
sino una cucharada de ceniza
y así con tantas cosas que volaban:
el hombre que esperó creyendo claro,
la mujer que vivió y que no vivirá,
todos pensaron que teniendo dientes,
teniendo pies y manos y alfabeto

era sólo cuestión de honor la vida.
Y éste sumó sus ojos a la historia,
agarró las victorias del pasado,
asumió para siempre la existencia
y sólo le sirvió para morir
la vida: el tiempo para no tenerlo.
Y la tierra al final para enterrarlo.
Pero aquello nació con tantos ojos
como planetas tiene el firmamento
y todo el fuego con que devoraba
la devoró sin tregua hasta dejarla.
Y si algo vi en mi vida fue una tarde
en la India, en las márgenes de un río:
arder una mujer de carne y hueso
y no sé si era el alma o era el humo
lo que del sarcófago salía
hasta que no quedó mujer ni fuego
ni ataúd ni ceniza: ya era tarde
y sólo noche y agua y sombra y río
allí permanecieron en la muerte.

                                                        [*MIN, II*]

Me siento triste

Tal vez yo protesté, yo protestaron,
dije, tal vez, dijeron: tengo miedo,
me voy, nos vamos, yo no soy de aquí,
no nací condenado al ostracismo,
pido disculpas a la concurrencia,
vuelvo a buscar las plumas de mi traje,
déjenme regresar a mi alegría,
a la salvaje sombra, a los caballos,

al negro olor de invierno de los bosques,
grité, gritamos, y a pesar de todo
no se abrieron las puertas
y me quedé, quedamos
indecisos,
sin vivir ni morir aniquilados
por la perversidad y el poderío,
indignos ya, expulsados
de la pureza y de la agricultura.

[*MIN, III*]

El héroe

Me convidó la dueña del castillo
a cada habitación para llorar.
Yo no la conocía
pero la amaba con amor amargo
como si mis desdichas se debieran
a que una vez dejó caer sus trenzas
sobre mí, derramándome la sombra.

Ahora ya era tarde.

Entramos
entre los retratos muertos,
y las pisadas
eran
como
si fuéramos tocando
hacia abajo
a la puerta
del triste honor, del laberinto ciego,

y la única verdad
era el olvido.

Por eso, en cada estancia
el silencio era un líquido,
y la señora dura del castillo
y yo, el testigo negro,
vacilábamos juntos
flotando en aquel frío,
tocaba el techo con su cabellera:
arriba el oro sucio
de los viejos salones
se confundía con sus pies desnudos.

El espeso sigilo
de las caducas cámaras
me levantaba, pero yo luché
invocando la naturalidad
de la física pura,
pero la castellana sumergida
me invitó a continuar
y divagando
sobre las alfombras rotas,
llorando en los pasillos,
llegaron horas puras y vacías,
sin alimentación y sin palabras,
o todo era pasado o sueño vano,
o el tiempo
no nos reconocía
en su red, presos como peces, éramos
dos condenados al castillo inmóvil.

Aquellas horas sostengo en mis manos
como se guardan piedras o cenizas
sin pedir nada más a los recuerdos.

Pero, si mi destino errante
me conduce a los muros del castillo,
me cubro con mi máscara,
apresuro
el paso junto al foso,
cruzo las márgenes del funesto lago,
me alejo sin mirar: tal vez sus trenzas
caigan una vez más de los balcones
y ella con llanto agudo
llegue a mi corazón a detenerme.

Por eso yo, el astuto cazador
camino enmascarado por el bosque.

[*MIN, IV*]

Tal vez tenemos tiempo

Tal vez tenemos tiempo aún
para ser y para ser justos.
De una manera transitoria
ayer se murió la verdad
y aunque lo sabe todo el mundo
todo el mundo lo disimula:
ninguno le ha mandado flores:
ya se murió y no llora nadie.

Tal vez entre olvido y apuro
un poco antes del entierro
tendremos la oportunidad
de nuestra muerte y nuestra vida
para salir de calle en calle,

de mar en mar, de puerto en puerto,
de cordillera en cordillera,
y sobre todo de hombre en hombre,
a preguntar si la matamos
o si la mataron otros,
si fueron nuestros enemigos
o nuestro amor cometió el crimen,
porque ya murió la verdad
y ahora podemos ser justos.

Antes debíamos pelear
con armas de oscuro calibre
y por herirnos olvidamos
para qué estábamos peleando.

Nunca se supo de quién era
la sangre que nos envolvía,
acusábamos sin cesar,
sin cesar fuimos acusados,
ellos sufrieron, y sufrimos,
y cuando ya ganaron ellos
y también ganamos nosotros
había muerto la verdad
de antigüedad o de violencia.
Ahora no hay nada que hacer:
todos perdimos la batalla.

Por eso pienso que tal vez
por fin pudiéramos ser justos
o por fin pudiéramos ser:
tenemos este último minuto
y luego mil años de gloria
para no ser y no volver.

[MIN, V]

El episodio

Hoy otra vez buenos días, razón,
como un antepasado y sin duda tal vez
como los que vendrán al trabajo mañana
con una mano toman la herramienta
y con todas las manos el decoro.

Sin ellos tambaleaban los navíos,
las torres no ocultaban su amenaza,
los pies se le enredaban al viajero:
ay, esta humanidad que pierde el rumbo
y vocifera el muerto, tirándola hacia
           atrás,
hacia la ineptitud de la codicia,
mientras el equilibrio se cubre con la
           cólera
para restituir la razón del camino.

Hoy otra vez, aquí me tienes, compañero:
con un sueño más dulce que un racimo
atado a ti, a tu suerte, a tu congoja.

Debo abolir orgullo, soledad, desvarío,
atenerme al recinto comunal y volver
a sostener el palio común de los deberes.

Yo sé que puedo abrir el delirio inocente
del casto ser perdido entre palabras
que dispone de entradas falsas al
           infierno,
pero para ese juego nacieron los
           saciados:
mi poesía es aún un camino en la lluvia

por donde pasan niños descalzos a la
        escuela
y no tengo remedio sino cuando me callo:
si me dan la guitarra canto cosas
        amargas.

Todos se preguntaron, qué pasó?
....

EL MIEDO

Qué pasó? Qué pasó? Cómo pasó?
Cómo pudo pasar? Pero lo cierto
es que pasó y lo claro es que pasó,
se fue, se fue el dolor *a no volver:*
cayó el error en su terrible embudo
de allí nació su juventud de acero.
Y la esperanza levantó sus dedos.
Ay sombría bandera que cubrió
la hoz victoriosa, el peso del martillo
con una sola pavorosa efigie!

Yo la vi en mármol, en hierro plateado,
en la tosca madera del Ural
y sus bigotes eran dos raíces,
y la vi en plata, en nácar, en cartón,
en corcho, en piedra, en cinc, en
        alabastro,
en azúcar, en piedra, en sal, en jade,
en carbón, en cemento, en seda, en barro,
en plástico, en arcilla, en hueso, en oro,
de un metro, de diez metros, de cien
        metros,
de dos milímetros en un grano de arroz,

de mil kilómetros en tela colorada.
Siempre aquellas estatuas estucadas
de bigotudo dios con botas puestas
y aquellos pantalones impecables
que planchó el servilismo realista.

Yo vi a la entrada del hotel, en medio
de la mesa, en la tienda, en la estación,
en los aeropuertos constelados,
aquella efigie fría de un distante:
de un ser que, entre uno y otro
            movimiento
se quedó inmóvil, muerto en la victoria.
Y aquel muerto regía la crueldad
desde su propia estatua innumerable:
aquel inmóvil gobernó la vida.

....

NOSOTROS CALLABAMOS

Saber es un dolor. Y lo supimos:
cada dato salido de la sombra
nos dio el padecimiento necesario:
aquel rumor se transformó en verdades,
la puerta oscura se llenó de luz,
y se rectificaron los dolores.
La verdad fue la vida en esa muerte.
Era pesado el saco del silencio.

Y aún costaba sangre levantarlo:
eran tantas las piedras del pasado.

Pero fue así de valeroso el día:
con un cuchillo de oro abrió la sombra
y entró la discusión como una rueda

rodando por la luz restituida
hasta el punto polar del territorio.

Ahora las espigas coronaron
la magnitud del sol y su energía:
de nuevo el camarada respondió
a la interrogación del camarada.
Y aquel camino duramente errado
volvió, con la verdad, a ser camino.

LOS COMUNISTAS

Los que pusimos el alma en la piedra,
en el hierro, en la dura disciplina,
allí vivimos sólo por amor
y ya se sabe que nos desangramos
cuando la estrella fue tergiversada
por la luna sombría del eclipse.
Ahora veréis qué somos y pensamos.
Ahora veréis qué somos y seremos.

Somos la plata pura de la tierra,
el verdadero mineral del hombre,
encarnamos el mar que continúa:
la fortificación de la esperanza:
un minuto de sombra no nos ciega:
con ninguna agonía moriremos.

LA POESIA

Así el poeta escogió su camino
con el hermano suyo que apaleaban:
con el que se metía bajo tierra
y después de pelearse con la piedra
resucitaba sólo para el sueño.

EL POETA

Y también escogió la patria oscura,
la madre de frejoles y soldados,
de callejones negros en la lluvia
y trabajos pesados y nocturnos.

Por eso no me esperen de regreso.

No soy de los que vuelven de la luz.

                                        [*MIN, V*]

Las comunicaciones

Muerte a los subterráneos! decreté.

Hasta cuándo engañarse con la cara cerrada
y ojos hacia no ver, hacia dormir.
No es necesario nada sino ser
y ser es a la luz, ser es ser visto
y ver, ser es tocar y descubrir.

Abajo todo el que no tiene flor!

De nada sirven sólo las raíces!

No hay que vivir royendo
la piedra submarina
ni el cristal
ahogado
de la noche:
hay que crecer y levantar bandera,

hacer fuego en la isla
y que conteste
el dormido navegante,
que despierte
y responda
a la súbita hoguera
que allí nació en la costa hasta ahora oscura:
nació del patrimonio luminoso,
de comunicación a fundamento,
hasta que no hay oscuridad, y somos:
somos con otros hombres y mujeres:
a plena luz amamos,
a pleno amor nos ven y eso nos gusta:
sin silencio es la vida verdadera.

Sólo la muerte se quedó callada.

[*MIN, V*]

La verdad

Os amo, idealismo y realismo,
como agua y piedra
sois
partes del mundo,
luz y raíz del árbol de la vida.

No me cierren los ojos
aun después de muerto,
los necesitaré aún para aprender,
para mirar y comprender mi muerte.

Necesito mi boca
para cantar después, cuando no exista.

Y mi alma y mis manos y mi cuerpo
para seguirte amando, amada mía.

Sé que no puede ser, pero esto quise.

Amo lo que no tiene sino sueños.

Tengo un jardín de flores que no existen.

Soy decididamente triangular.

Aún echo de menos mis orejas,
pero las enrollé para dejarlas
en un puerto fluvial del interior
de la República de Malagueta.

No puedo más con la razón al hombro.

Quiero inventar el mar de cada día.

Vino una vez a verme
un gran pintor que pintaba soldados.
Todos eran heroicos y el buen hombre
los pintaba en el campo de batalla
muriéndose de gusto.

También pintaba vacas realistas
y eran tan extremadamente vacas
que uno se iba poniendo melancólico
y dispuesto a rumiar eternamente.

Execración y horror! Leí novelas
interminablemente bondadosas
y tantos versos sobre
el Primero de Mayo
que ahora escribo sólo sobre el 2 de ese mes.

Parece ser que el hombre
atropella el paisaje
y ya la carretera que antes tenía cielo
ahora nos agobia
con su empecinamiento comercial.

Así suele pasar con la belleza
como si no quisiéramos comprarla
y la empaquetan a su gusto y modo.

Hay que dejar que baile la belleza
con los galanes más inaceptables,
entre el día y la noche:
no la obliguemos a tomar la píldora
de la verdad como una medicina.

*Y lo real? También, sin duda alguna,
pero que nos aumente,
que nos alargue, que nos haga fríos,
que nos redacte
tanto el orden del pan como el del alma.*

A susurrar! ordeno
al bosque puro,
a que diga en secreto su secreto
y a la verdad: No te detengas tanto
que te endurezcas hasta la mentira.

No soy rector de nada, no dirijo,
y por eso atesoro
las equivocaciones de mi canto.

[*MIN, V*]

Picaflor

(Sephanoides)

El colibrí de siete luces,
el picaflor de siete flores,
busca un dedal donde vivir:
son desgraciados sus amores
sin una casa donde ir
lejos del mundo y de las flores.

Es ilegal su amor, señor,
vuelva otro día y a otra hora:
debe casarse el picaflor
para vivir con picaflora:
yo no le alquilo este dedal
para este tráfico ilegal.

El picaflor se fue por fin
con sus amores al jardín
y allí llegó un gato feroz
a devorarlos a los dos:
el picaflor de siete flores,
la picaflora de colores:
se los comió el gato infernal
pero su muerte fue legal.

[APJ]

Tordo

(Nutiopsar Curacus)

Al que me mire frente a frente
lo mataré con dos cuchillos,

con dos relámpagos de furia:
con dos helados ojos negros.

Yo no nací para cautivo.

Tengo un ejército salvaje,
una milicia militante,
un batallón de balas negras:
no hay sementera que resista.

Vuelo, devoro, chillo y paso,
caigo y remonto con mil alas:
nada puede parar el brío,
el orden negro de mis plumas.

Tengo alma de palo quemado,
plumaje puro de carbón:
tengo el alma y el traje negros:
por eso bailo en el aire blanco.

Yo soy el negro Floridor.

[APJ]

El pájaro yo

(Pablo Insulidae Nigra)

Me llamo pájaro Pablo,
ave de una sola pluma,
volador de sombra clara
y de claridad confusa,
las alas no se me ven,
los oídos me retumban
cuando paso entre los árboles

o debajo de las tumbas
cual un funesto paraguas
o como espada desnuda,
estirado como un arco
o redondo como una uva,
vuelo y vuelo sin saber,
herido en la noche oscura,
quiénes me van a esperar,
quiénes no quieren mi canto,
quiénes me quieren morir,
quiénes no saben que llego
y no vendrán a vencerme,
a sangrarme, a retorcerme
o a besar mi traje roto
por el silbido del viento.
Por eso vuelvo y me voy,
vuelo y no vuelo pero canto:
soy el pájaro furioso
de la tempestad tranquila.

                                         [*APJ*]

Primavera en Chile

Hermoso es septiembre en mi patria cubierto con una
            corona de mimbre y violetas
y con un canasto colgando en los brazos colmado de dones
terrestres:
septiembre adelanta sus ojos mapuches matando el
            invierno
y vuelve el chileno a la resurrección de la carne y el vino.
Amable es el sábado y apenas se abrieron las manos del
            viernes
voló transportando ciruelas y caldos de luna y pescado.

Oh amor en la tierra que tú recorrieras que yo
          atravesamos
no tuve en mi boca un fulgor de sandía como en
          Talagante
y en vano busqué entre los dedos de la geografía
el mar clamoroso, el vestido que el viento y la piedra
          otorgaron a Chile,
y no hallé duraznos de enero redondos de luz y delicia
como el terciopelo que guarda y desgrana la miel de mi
          patria.
Y en los matorrales de Sur sigiloso conozco el rocío
por sus penetrantes diamantes de menta, y me embriaga
          el aroma
del vino central que estalló desde tu cinturón de racimos
y el olor de tus aguas pesqueras que te llena de olfato
porque se abren las valvas del mar en tu pecho de plata
          abundante,
y encumbrado arrastrando los pies cuando marcho en los
          montes más duros
yo diviso en la nieve invencible la razón de tu soberanía.

                                                        [BCL]

Diálogo amoroso

VOZ DE MURIETA:

Todo lo que me has dado ya era mío
y a ti mi libre condición someto.

Soy un hombre sin pan ni poderío:
sólo tengo un cuchillo y mi esqueleto.

Crecí sin rumbo, fui mi propio dueño
y comienzo a saber que he sido tuyo
desde que comencé con este sueño:
antes no fui sino un montón de orgullo.

VOZ DE TERESA:

Soy campesina de Coihueco arriba,
llegué a la nave para conocerte:
te entregaré mi vida mientras viva
y cuando muera te daré mi muerte.

VOZ DE MURIETA:

Tus brazos son como los alhelíes
de Carampangue y por tu boca huraña
me llama el avellano y los raulíes.
Tu pelo tiene olor a las montañas.

Acuéstate otra vez a mi costado
como agua del estero puro y frío
y dejarás mi pecho perfumado
a madera con sol y con rocío.

VOZ DE TERESA:

Es verdad que el amor quema y separa?
Es verdad que se apaga con un beso?

VOZ DE MURIETA:

Preguntar al amor es cosa rara,
es preguntar cerezas al cerezo.

Yo conocí los trigos de Rancagua,
viví como una higuera en Melipilla.
Cuanto conozco lo aprendí del agua,
del viento, de las cosas más sencillas.

Por eso a ti, sin aprender la ciencia,
te vi, te amé y te amo, bienamada.
Tú has sido, amor, mi única impaciencia,
antes de ti no quise tener nada.

Ahora quiero el oro para el muro
que debe defender a tu belleza:
por ti será dorado y será duro
mi corazón como una fortaleza.

VOZ DE TERESA:

Sólo quiero el baluarte de tu altura
y sólo quiero el oro de tu arado,
sólo la protección de tu ternura:
mi amor es un castillo delicado
y mi alma tiene en ti sus armaduras:
la resguarda tu amor enamorado.

VOZ DE MURIETA:

Me gusta oír tu voz que corre pura
como la voz del agua en movimiento
y ahora sólo tú y la noche oscura.
Dame un beso, mi amor, estoy contento.
Beso a mi tierra cuando a ti te beso.

[BCL, JQM]

Habla un transeúnte de las Américas
llamado Chivilcoy

I

Yo cambio de rumbo, de empleo, de bar y de barco,
      de pelo
de tienda y mujer, lancinante, exprofeso no existo,
tal vez soy mexibiano, argentuayo, bolivio,
caribián, panamante, colomvenechilenomalteco:
aprendí en los mercados a vender y comprar caminando:
me inscribí en los partidos dispares y cambié de camisa
      impulsado
por las necesidades rituales que echan a la mierda el
      escrúpulo
y confieso saber más que todos sin haber aprendido:
lo que ignoro no vale la pena, no se paga en la plaza,
señores.

Acostumbro zapatos quebrados, corbatas raídas, cuidado,
cuando menos lo piensen llevo un gran solitario en un
      dedo
y me planchan por dentro y por fuera, me perfuman, me
      cuidan, me peinan.

Me casé en Nicaragua: pregunten ustedes por el general
      Allegado
que tuvo el honor de ser suegro de su servidor, y más
      tarde
en Colombia fui esposo legítimo de una Jaramillo
      Restrepo.

Si mis matrimonios terminan cambiando de clima, no
      importa.

(Hablando entre hombres: Mi chola de Tambo! Algo serio
    en la cama.)

Vendí mantequilla y chancaca en los puertos peruanos
y medicamentos de un poblado a otro de la Patagonia:
voy llegando a viejo en las malas pensiones sin plata,
    pasando por rico,
y pasando por pobre entre ricos, sin haber ganado ni
    perdido nada.

III

Desde la ventana que me corresponde en la vida
veo el mismo jardín polvoriento de tierra mezquina
con perros errantes que orinan y siguen buscando la
    felicidad,
o excrementicios y eróticos gatos que no se interesan por
    vidas ajenas.

IV

Yo soy aquel hombre rodado por tantos kilómetros y sin
    existencia:
soy piedra en un río que no tiene nombre en el mapa:
soy el pasajero de los autobuses gastados de Oruro
y aunque pertenezco a las cervecerías de Montevideo
en la Boca anduve vendiendo guitarras de Chile
y sin pasaporte entraba y salía por las cordilleras.
Supongo que todos los hombres dejan equipaje:
yo voy a dejar como herencia lo mismo que el perro:
es lo que llevé entre las piernas: mis bienes son ésos.

V

Si desaparezco aparezco con otra mirada: es lo mismo.
Soy un héroe imperecedero: no tengo comienzo ni fin
y mi moraleja consiste en un plato de pescado frito.

[*BCL*]

El astronauta

I

Si me encontré en estas regiones reconcentradas y
              calcáreas
fue por equivocaciones de padre y madre en mi planeta:
me aburrieron tanto los unos como los otros inclementes:
dejé plantados a los puros, desencadené cierta locura
y seguí haciendo regalos a los hostiles.

II

Llegué porque me invitaron a una estrella recién abierta:
ya Leonov me había dicho que cruzaríamos colores
de azufre inmenso y amaranto, fuego furioso de turquesa,
zonas insólitas de plata como espejos efervescentes
y cuando ya me quedé solo sobre la calvicie del cielo
en esta zona parecida a la extensión de Antofagasta,
a la soledad de Atacama, a las alturas de Mongolia,
me desnudé para vivir en el calor del mundo virgen,
del mundo viejo de una estrella que agonizaba o que nacía.

III

No me hacía falta la ropa sino el lenguaje, recogí
una suavísima, metálica flor, una rosa cuyo rocío
cayó perforando el suelo como un torrente de mercurio
y por ese cauce escuché de gruta en gruta el rocío
bajar las escalinatas de cristal dormido y gastado.
Gastado por quién? Por los sueños? Por la vida con
      apellido?
Por animales o personas, elefantes o analfabetos?
Y de pronto me sorprendí buscando otra vez con tristeza
la identidad, la historia, el cuento de los que dejé en la
      tierra.

IV

Tal vez aquí en estas arrugas, bajo estas costras esteparias,
bajo el volcánico estandarte de las cenizas celestiales
existió o existe la envidia que me mordió por los caminos
terrestres, como un caimán de cuarenta colas podridas?
Aquí también prosperará el caníbal parasitario,
el cínico, el frívolo dicharachista sostenido por sus
      cosméticos?

V

Pero encontré sólo los huesos del silencio carbonizado:
buscando bajé las estratas de mortífera astrología:
iguanas muertas tal vez eran los vestigios del polvo,
edades que se trituraron y quedaba solo el fulgor
y era toda la estrella aquella como una antigua mariposa
de ancestrales alas que apenas tocadas se desvanecían
apareciendo entonces un agujero de metal,
una cueva en cuyo pasado brillaban las piedras del frío.

VI

Me perdí por las galerías del sol tal vez derribado
o en la luna sin corazón con sus espejos carcomidos
y como en la seguridad de mi país inseguro
aquí el miedo me manejaba los pies en el descubrimiento.

Pero no hallé cómo alabar el alabastro que corría
derretido, por las gargantas de piedra pómez astringente,
y cómo, con quién hablar del tesoro negro que huía
con el río del azabache por las calles cicatrizadas?

VII

Poco a poco el silencio me hizo un Robinson asustadizo
sin ropa pero sin hambre, sin sed porque por los poros
la luz mineral nutría y humedecía, pero poco
a poco el planeta me descolgó de mi lengua,
y erré sin idioma, oscuro, por las arenas del silencio.

Oh soledad espacial del silencio! Se deshace
el ruido del corazón y cuando sobresaltado
oí un silencio debajo de otro silencio mayor:
me fui adelgazando hasta ser sólo silencio en aquel barrio
          del cielo
donde caí y fui enterrado por un cauce silencioso,
por un gran río de esmeraldas que no sabían cantar.

[BCL]

VII

1968-1973

Historia/deshabitación. El texto «El astronauta» de BCL
(*La barcarola*, 1967) se ofrece como momento de articulación
entre los ciclos penúltimo (1957-1967) y último (1968-
1973) del autorretrato nerudiano en curso. Dentro de ese
mismo libro las figuras de Joaquín Murieta y de Chivilcoy,
en cuanto proposiciones autorrepresentativas del hablante, se
mueven todavía no sólo al interior de un cierto enfoque de
la historia sino también al interior de un cierto enfoque de
la propia poesía. Tales figuras aparecen reductivas respecto
del Capitán y del *hombre invisible,* pero al mismo tiempo
suponen tanteos de expansión y de rescate dentro del *yo en
contracción,* caracterizador del ciclo 1957-1967. Joaquín Murieta configura una búsqueda de solución hacia el pasado.
Chivilcoy se inscribe en el espacio americano (historizado)
del presente. Ambas figuras implican, en todo caso, un grado
residual de aceptación del mundo en los términos inaugura-
dos por algunos textos de TER *(Tercera residencia).*

En cambio, «El astronauta» introduce en la obra de Neruda una *ruptura* sólo comparable —y en cierto modo simétri-
ca— a la textualizada por «Reunión bajo las nuevas bande-

ras» (TER) en 1935. En la figura del astronauta cristaliza embrionariamente una tentativa de fuga del mundo y de la historia, en proyección hacia un espacio verdadero de pureza, de soledad y de silencio. El hablante ensaya en este texto la *deshabitación* que marcará al ciclo sucesivo: 1) como rechazo global de los términos asumidos en nuestro siglo por la conflictualidad histórica: «Si me encontré en estas regiones reconcentradas y calcáreas / fue por equivocaciones de padre y madre en mi planeta: / me aburrieron tanto los unos como los otros inclementes»; 2) como proposición de un espacio radicalmente desolado y deshabitado (comparable a los desiertos del norte de Chile y de Mongolia); 3) como exigencia radical de soledad y desnudez históricas para la autorrepresentación (el texto asocia la figura del astronauta a la de Robinson Crusoe). Pero la tentativa se ofrece en último término, y significativamente, como fracaso. Otras exigencias de nuestro hablante, irrenunciables, bloquean toda vía extraterrestre y extrahumana a la ya inaplazable exigencia de deshabitación. No le sirven la soledad ni el silencio del *astronauta,* que por ello deviene «Robinson asustadizo», nostálgico de «mi planeta», reducido a errar «sin idioma, oscuro, por las arenas del silencio»: un tipo de silencio que no le es congenial [101].

«El astronauta» textualiza en realidad una poética en negativo: la *poética imposible* del hablante nerudiano. Este poema de BCL manifiesta por adelantado que la tendencia hacia una estructura de la *deshabitación* no involucra, en definitiva, la negación de la Historia sino la negación de una *cierta historia* falaz y traidora, la de nuestro siglo. O, para decirlo con fórmula dialéctica sugerida por Sicard: la negación de la negación de la Historia. La figura del astronauta prepara así, por contraste y por afinidad al mismo tiempo, la figura del Rhodo adánico que más adelante propondrá ESP (*La espada encendida,* 1970).

---

[101] Sobre «El astronauta» escribe Sicard: «Poème-fiction · destiné à mettre en scène la fiction d'un silence absolu qui serait à la parole ce que l'inhabité est à l'histoire humaine» (Sicard 1977: 601).

Dos recopilaciones intermedias, MAD (*Las manos del día,*
1968) y FDM (*Fin de mundo,* 1969), admiten ser leídas
como etapas preparatorias de ESP, como momentos de una
operación simbólica de vaciamiento o de liquidación. En
efecto, MAD propone en sustancia una crítica radical de
todo el quehacer precedente del yo, de toda su poesía, en
tanto que FDM propone a su vez una crítica igualmente radical y extrema del *afuera,* del mundo, y del quehacer del
otro. En el ciclo anterior la esfera de *lo privado* logra todavía
tener en pie la figura del yo e incluso estimular tentativas
de expansión (memorial autobiográfico, Murieta, Chivilcoy).
En este ciclo final la *deshabitación* compromete todos los niveles de la estructura del hablante [102]. Esta vez la crisis se
textualiza como *ruptura general,* tanto a nivel de representación del yo como a nivel de representación de su obra. Esta
vez no hay ninguna forma de *integración* compensatoria.

Manos productivas/manos negativas. En MAD (*Las manos
del día)* el hablante insiste en declararse *culpable* de no haber hecho nada con sus manos, ni siquiera una escoba. Por
lo mismo se autodefine *hijo de la luna* (MAD, XIII), sin derecho a proclamar su existencia porque a otras manos productivas, y no a las suyas *negativas* e *inútiles,* pertenece el
mundo. ¿Qué significa tal insistencia autocrítica? A través
de esta ficción obsesiva el hablante introduce y sitúa en el
Texto la hora del gran balance final, exigido por asedios in-
aplazables (en el extratexto, grave enfermedad del poeta, ve-
cindad de la muerte). El cuestionamiento unívoco del propio
ser y del propio quehacer («quién *soy,* si no *hice* nada?»)
arroja un resultado de vacío: certifica la soledad del ser y
la inutilidad de lo obrado.

La textualización de este balance desolador focaliza y rei-
tera sin tregua el símbolo de las *manos.* Las manos productivas del *otro,* de los trabajadores, algo hicieron *durante el día,*

---

[102] De este modo la impostación adánica del yo en ESP no es
sorpresiva: se inscribe en una lógica bien precisa del desarrollo
textual del autorretrato nerudiano.

alguna huella dejaron de su ser en lo que hicieron, de alguna manera objetivaron y verificaron su existencia en una
silla, en una mesa, en una rueda, en «anclas, martillos, clavos, / cucharas y tenazas, / tornillos, rieles, lanzas, / locomotoras, proas» («El olvido»); «todos hicieron algo» antes
de irse, dejando solo al poeta con su noche («Ausentes»);
«aun el campanero / ... / aun todos ellos se fueron / con las
manos gastadas / no por la suavidad sino por algo: / ... /
porque hacer fue el destino de las manos / y en cada cicatriz
cabe la vida» («El campanero»). En cambio, las manos negativas del poeta «sólo certificaron / el heroísmo de las otras
manos / y la procreadora construcción / que dedos muertos
levantaron / y continúan dedos vivos» («El olvido»).

Al definirse por oposición a los productores el hablante
niega abiertamente la asimilación ilusoria, antes propuesta
por el *hombre invisible,* entre la actividad poética y las acti-
vidades productivas del *otro* (panadero, carpintero, herrero...), y al mismo tiempo afirma dolorosamente la especificidad del quehacer poético (cfr. Sicard, 1977: 661-671). Afirmación dolorosa porque tal especificidad de la poesía (de *su*
poesía) busca definirse también por su relación con el mundo. Pero el mundo, el *afuera,* niega a su poesía el sentido,
la objetivación, la posibilidad *fecundadora* que en cambio
ofrece al *otro,* al productor: «Cualquiera, hijo de Juan, /
tocó el terreno / y dejó caer algo / que entró como la llave
/ entra en la cerradura / y la tierra se abrió de par en par. /
Yo no, no tuve tiempo, / ni enseñanza: / ... / la agricultura nunca se ocupó de mis libros / y sin tener qué hacer,
perdido en las bodegas, / reconcentré mis pobres preocupaciones / hasta que no viví sino en las despedidas. / Adiós
dije al aceite, sin conocer la oliva, / ...» (MAD, «Las manos
negativas»).

Esta desesperanza de alcanzar objetivación y consistencia
verdaderas para su quehacer se textualiza por un lado como
deshabitación del inútil, del «innecesario», como soledad del
poeta que otra vez deviene emarginado de toda actividad
constructiva; por otro lado, a través del símbolo o ficción
de una única gran mancha de tinta sobre la página en blan-

co: «una sola estrella verde», «un solo golpe oscuro / sin palabras» que congregara en un punto del espacio y del tiempo toda la tinta desplegada en sus versos, de modo que en este condensarse lograra finalmente espesor y validez el trabajo de su vida (MAD, «El golpe»).

Degradación/profecía. Retorna así en este ciclo —a otro nivel, claro está— la antigua oposición entre *degradación* y *profecía* que estableciera RST *(Residencia en la tierra).* Como entonces, la oposición se estructura en los textos dialécticamente, en cuanto no se acepta estática sino que propende con fuerza hacia una resolución. Otra vez el hablante se autodefine «innecesario» (MAD, XXII), impotente, inválido, precario, incapaz de despertar en el mundo la respuesta que sus sueñas reclaman. La retórica de la degradación propone de nuevo autoalusiones de esclavitud inútil, un tiempo características de RST: «Yo no hice el mar: / ... / no lo hice yo, ni nadie: / en ese nadie soy / un *sirviente* inservible, / como un molusco roto / por los dientes del mar» (MAD, «El vacío»). Y reaparece también el antiguo *testigo,* manifestante de un amor imposible, condenado a un acecho doloroso, a una guardia innecesaria, a una contemplación superflua: «y vine a ser *testigo* / de la más tempestuosa soledad, / sin más que ojos vacíos / que se llenaron de olas / y que se cerrarán en el vacío» (ibíd.).

Reconocerse otra vez en la *degradación* significa para el hablante admitir el fracaso de sus reiteradas tentativas de acceso a la *profecía,* la derrota de sus esfuerzos hacia la integración del circuito *yo-mundo.* Al formular la degradación a través del insistente motivo de las manos negativas o inútiles, el hablante tra al primer plano la insuficiencia, la *incompletezza* del propio ser o —lo que da igual— de su propia condición de poeta condenado a *depender* de la respuesta histórica del mundo. De ahí que el sentimiento de degradación se textualice como «envidia» del yo no sólo frente al grado de profecía que logran las manos productivas (cierre del circuito hombre-mundo, objetivación, permanencia, continuidad) sino también frente a la autosuficiencia existencial de ciertos animales, porque dotados de autonomía de objetivación («la caracola no la puede hacer / sino la propia bestia / íntima, en su silencio») o porque capaces de conquistar perdurabilidad («yo hubiera querido tener / un corazón de escarabajo / para perforar la espesura / y dejar mi firma escondida / en la muerte de la madera») [103].

Como en RST, tampoco esta vez el sentimiento de degradación conduce al hablante a la desesperanza sino a una profundización del silencio (diverso del silencio del *astronauta)* y de la humildad, vías del conocimiento verdadero. Es la lección de la naturaleza, porque «muda es la fuerza (me dicen los árboles) / y la profundidad (me dicen las raíces) / y la pureza (me dice la harina)» [104].

Testigo manifestante/testigo de cargo. El estatuto del *otro* supone en FDM *(Fin de mundo)* una especie de nivel público [105] que el hablante critica y denuncia y en el cual al mismo tiempo se incluye. El estatuto del *yo* asume también en este libro —complementario de MAD— las figuras del testigo y del culpable. Pero no ya la del *testigo manifestante* (que acomuna MAD a RST) sino la del *testigo de cargo* (que en cambio acomuna FDM a TER) contra los crímenes del siglo: «La sangre cubría las zanjas / y saltaba de guerra en guerra / sobre millones de ojos muertos / que sólo miraban la sangre. / Esto pasó. Yo lo atestiguo» (FDM, «El peligro»). Este testigo acusador se sienta también en el banquillo de los acusados, culpable por complicidad («hasta que todos compartimos / la batalla de la mentira») o por asunción personal de la vergüenza colectiva («me costó aprender a morir / con cada muerte incomprensible / y llevar los remordimientos / del criminal innecesario»).

---

[103] MAD, «Los soberanos» y «Un escarabajo».

[104] MAD, «Esto es sencillo».

[105] El nivel privado correspondería a la figura del *otro-con-manos-productivas:* ese *otro* productor, trabajador silencioso y anónimo. presente en MAD.

Violencia y mentira son los delitos del siglo, cuya responsabilidad comparten el *otro* y el *yo*. En este contexto las categorías asumen coloración específica. La *degradación* —sin virtualidad positiva aquí— no es patrimonio sólo del *otro-enemigo* (como era en TER) sino también del *otro-compañero* (que particularmente compromete a la figura del yo culpable). No hay inocentes en este proceso, ni celebraciones oraculares: «en este siglo la amargura / se ocultó antes y después / de cada espléndida victoria» («En Cuba»; cfr. también «Tristeza en la muerte de un héroe», homenaje al comandante Che Guevara).

El *silencio* es otra categoría que FDM presenta en clave diversa. A la praxis del silencio en la naturaleza —que en MAD, como antes en RST, asume valor paradigmático para el hombre— los textos de FDM oponen la praxis histórica del silencio en nuestro siglo: «Por qué entre tantas alegrías / ... / llega el miedo y abre la puerta / para que regrese el silencio?» («1968»). Con referencia a Ben Bella y a Ben Barka, desaparecidos como tantos otros «en el silencio / de esta época de agonía», declara el testigo de cargo: «Yo prefiero el ruido escarlata / de las ametralladoras / en el infierno de Chicago / de los hombres sin Dios ni ley, / a estos guantes que se movieron / sin manos, para estrangular / ... / Oh silencio! Oh terror!» (FDM, «Los desaparecidos»). La oposición entre los silencios practicados por la naturaleza y por el hombre del siglo xx es explícita en este texto: «y así como la tierra pura / nos prepara la primavera, / así con cuidado exquisito, / entre guantes y gabinetes, / hay otra fiesta preparada: / el suicidio del universo» (FDM, «Bomba»).

El otro (presente)/el otro (futuro). La poética de la deshabitación —que se textualiza progresivamente como ficción del rechazo del presente— determina dentro del estatuto del *otro* una importante distinción. Para el hablante de OEL *(Odas elementales)* la figura del *otro* coincide con la figura del *tú* interlocutor (al interior del discurso poético). En cambio, el hablante de FDM distingue entre el *otro* del presente, contemporáneo, al cual se opone como acusador y en el que se incluye al mismo tiempo dentro de un «nosotros», y el *otro* futuro, interlocutor-juez ficticio al cual endereza su discurso: «Ay la mentira que vivimos / fue el pan nuestro de cada día. / *Señores del siglo veintiuno,* / es necesario que se sepa / lo que *nosotros* no supimos» («Sepan lo sepan lo sepan»). Esto supone también una diversificación paralela en el estatuto del *yo:* así como el acusador se declara al mismo tiempo cómplice, así el testigo de cargo es también testigo de descargo. El *desengaño del mundo (actual)* conduce al hablante a rescatar y a consignar para el futuro, en que confía, la verdad de su mester, la esperanza de sus manos negativas. Cuando se declara una vez más poeta carpintero, panadero y herrero («Artes poéticas I»), no es que retorna la poética del *hombre invisible:* la comparación no atiende ahora al servicio o a la utilidad pública del producto, ni a su adecuación actual, sino a la artesanía común: al amor, a la competencia profesional, a la vida puesta en juego en cada poema.

La confianza en el futuro no basta para anular la congoja del presente. La ansiedad por recuperar una identidad antes asegurada por el *otro,* por el *afuera,* por el tiempo histórico y por el propio quehacer poético a ellos vinculado, se textualiza en «Metamorfosis» (FDM) como *viaje a la semilla,* como ficción del regreso a la situación primordial. Esta deshabitación total del yo tiende a completarse —también en el plano de la ficción o invención— con la búsqueda de un espacio de soledad, capaz de sustentarla. Hemos visto ya la tentativa imposible del *astronauta* (BCL). La vía posible se prospecta más próxima en AUN *(Aún,* 1969) a través del sorpresivo recuerdo de la desolación del desierto del norte de Chile, cerca de Antofagasta (cfr. AUN, XXII). El paso siguiente lleva al hablante al extremo opuesto de Chile, a la desolación patagónica.

Yo muerto/yo redivivo. El ciclo final del hablante nerudiano puede también ser leído como textualización de un último descenso órfico. Desde esta óptica de lectura, MAD —en cuanto crítica global del quehacer precedente del yo— concentra la etapa del *extravío* originario. Obviamente en FDM se configura el *descenso a la región de la muerte,* cuya extensión-profundidad abraza toda la tierra y compromete a todos los hombres, incluyendo al hablante mismo. En sus versos finales FDM *(Fin de mundo)* establece una proposición de *retorno,* que se proyectará a los libros sucesivos como tentativas de renacimiento y expansión del yo bajo dos formas: 1, como autorrepresentación ficticio-mítica en ESP *(La espada encendida)*; 2, como autorrepresentación realista en los libros finales.

En el umbral del retorno el hablante se autodefine todavía «centinela secreto» de las batallas de los pueblos, «testigo de las esperanzas / de este siglo asesinado» y «cómplice de la humanidad / con mis hermanos asesinos» (FDM, «Canto»). En «Alturas de Macchu Picchu» el hablante oponía un yo *vivo* a un otro *muerto.* En este nueva expedición órfica, en cambio, el retorno supone la muerte general: «me morí con todos los muertos, / por eso pude revivir / empeñado en mi testimonio / y en mi esperanza irreductible» (FDM, «Canto»). Para reafirmar todavía que la muerte no existe en la historia es necesario que también el *yo* muera con el *otro.* De este modo el autorretrato del último ciclo puede proponer la figura de un nuevo *yo naciente* que al mismo tiempo es *el sobreviviente* o *el redivivo.*

El fugitivo/el resurrecto. Entre 1967 y 1970 la evolución en espiral del autorretrato nerudiano registra una nueva etapa de cristalizaciones míticas, signo de un postrer esfuerzo del hablante hacia el relance de la propia identidad. Tales tentativas, que culminarán en la figura de Rhodo (ESP), parecen reiterar a nuevo nivel proposiciones anteriores [106]. Mientras en Joaquín Murieta resuenan ecos del «hermano Pablo» (CGN), y del «americano errante» (UVT) en Chivil-

---

[106] Sólo el *astronauta* se ofrece como tentativa diversa, sin antecedentes. Lo cual subraya su condición de tentativa imposible.

coy, así Rhodo sugiere una especie de refundición ficticia
de «el fugitivo» (CGN) y del Capitán (VCP). El protagonis-
ta de la fábula de *La espada encendida* es, en efecto, un
fugitivo que huye tanto de las guerras y de la destrucción
de la humanidad (cfr. XV, «Sobrevivientes», y XVI, «La soledad») como del propio pasado personal (cfr. V, «Las estatuas»), para refugiarse y renacer en el seno de una situación primordial que la ficción inscribe, a su vez, en un marco espacial de máxima soledad (tentativamente absoluta, hasta donde las otras exigencias del hablante lo permiten): la
Patagonia [107]. Aparte este elemento nacional, valores de pueblo y de simplicidad natural acuden al texto a través de la
invención de una figura femenina, Rosía, que la ficción declara criatura de Rhodo: «y fui mujer desde que me tocaste
/ y me hiciste crecer como si tú me hubieras / hecho nacer...» (XXIV, «La virgen»).

El recurso al sistema mitológico del Génesis es explícito y
múltiple. Aparte la citación edénica presente en el título y
en el epígrafe inicial del libro, a la ficción de Rhodo con-
vergen Adán el primordial (XVIII) [108], Abraham el patriar-
ca (II), Matusalén el milenario (XI), Lot y sus estatuas de
sal (V), Noé y su nave de salvación, repleta de animales
(LXXII). En cuanto material de una propuesta autorrepresentativa del hablante [109], el correlato bíblico funciona como

---

[107] Justificación textual de este espacio en ESP, II y IV. Es
curioso que dos autorrepresentaciones decididamente narrativo-fic-
ticias en la obra de Neruda aparezcan espacialmente ligadas al extremo austral de Chile, al sur del sur de la infancia: una es el
cuatrero (ladrón de caballos) de HYE, que *huye* hacia un pueblo
del Sur identificable en el extratexto como Ancud, en la isla de
Chiloé; la otra es este Rhodo patagónico, «de Aysén al sur»
(ESP, II).

[108] ESP, XVIII: «Alguien», texto que registra los movimientos
primordiales y cautelosos de un primer hombre en el bosque, evoca
por afinidad otros textos: el final del capítulo I de CGN, «Los
hombres», versos conclusivos relacionados con la emergencia inmi-
nente del hombre en los bosques de Arauco; o el recuerdo del
yo-niño, moviéndose solo y pequeñito, extraviado en la selva, según «La tierra austral», MIN-I.

[109] En ESP el hablante se desdobla en dos figuras que lo repre-
sentan: la de Rhodo y la del narrador, que efímeramente se intro-

signo evidenciador de una *ruptura radical,* base de un renacer, nivel cero que a la vez niega todo pasado y se proyecta
al futuro como situación fundacional: «dejó de ser el cómplice del crimen, de un crimen, / de lo que había sido y no
sido, de los demás, de todos, / ... / rompió el tiempo y
llegó a su destino / ... / no huyó: era más simple que eso:
/ estaba otra vez solo el primer hombre» (XVI).

Para actualizarse, la peripecia fundacional de Rhodo y
Rosía deberá superar no sólo el miedo, la soledad, el vacío,
sino también la hostilidad amenazante y funesta del Volcán:
representación imprecisada y enigmática de un poder (fuerza
o dios) enemigo, semejante a la figura sin rostro del tirano
que acosa al *fugitivo* en CGN y que obstaculiza el cumplimiento de sus opciones de vida.

No pretendemos abordar aquí las varias lecturas posibles
ni toda la complejidad estructural y simbólica de ESP (*La
espada encendida*) [110]. Por ahora señalemos en Rhodo la ficción con que culmina y cristaliza la poética de deshabitación
preparada (bajo muy distintas modalidades de producción
textual) por *Las manos del día* y por *Fin de mundo.*

La imagen de la nave de los sobrevivientes (o resurrectos)
se opone en el texto a la del «reino amargo», ese pasado a la
vez personal y colectivo, dejado atrás por mentiroso y estéril:
«Dice Rhodo: Yo me consumí / en aquel reino que quise
fundar / y no sabía que estaba solo. / Fue mi noción quebrantar esa herencia / de sangre y sociedad: deshabitarme»
(ESP, LXXXVI). Deshabitarse —de la historia *recibida* y del
propio antiguo yo— significa atravesar un desierto de soledad para alcanzar un espacio donde rehabitar el infinito,
donde reproponer la fecundidad del yo y de la historia. Deshabitarse es la vía del conocimiento (el amor: fruto mordido
por los sobrevivientes) [111] que hará posible la rehabitación.

---

duce a sí mismo en el texto como «el poeta» y «el que cuenta
esta historia» (XIV).

[110] El profesor Alain Sicard, de la Universidad de Poitiers, ha
dedicado a ESP particular atención y páginas excelentes. Cfr. Sicard 1975 y 1977.

[111] «... sólo los nuevos dioses / mordieron la manzana del amor»
(ESP, LXXIX).

Al interior del desarrollo de este ciclo autorrepresentativo, la ficción propuesta en ESP se perfila como tentativa de superar los límites de la propia existencia del hablante, amenazada por la enfermedad (según documenta MAD, LXIV), y de inscribirla de algún modo en la historia venidera, la que habitará el interlocutor a quien el yo endereza su discurso. La naturaleza, es decir la vida, el mar (LXXIII), es el puente que une ambos espacios. Sólo fieles a ella podrán Rhodo y Rosía, los hombres del futuro, matar al viejo Dios de la Muerte (el Volcán) y devenir ellos mismos los nuevos dioses, los constructores de una historia viva.

Deshabitación/rehabitación. El autodiseño ficticio-mítico del yo en ESP representa la forma fuerte o acentuada del *retorno*. Su forma atenuada o declinante se manifiesta en los libros finales de Neruda (desde *Las piedras del cielo* hasta *El mar y las campanas*) a través de una autorrepresentación que llamaremos realista sólo para distinguirla de la anterior. Hay entre ambas formas del retorno una homogeneidad sustancial. Si en ESP el hablante instaura una figura fundacional que pugna todavía por la exaltación y final rescate de la propia identidad, no es menos admirable su esfuerzo por establecer en los últimos libros una autorrepresentación erecta, digna y discreta frente al pavor, a veces irónica o sarcástica, otras veces sufriente o desengañada, pero en fin de cuentas positiva y siempre fiel a sí misma y a su empeño. En suma, es una imagen ambivalente y contradictoria del propio yo, y por ello *realista* de verdad, la que nos propone el hablante en la fase final del autorretrato.

La clave del retorno es la *rehabitación* del deshabitado. En ESP, la función del Volcán es justamente la de impedir el desplazamiento (regreso) de Rhodo y Rosía desde la región de la muerte hacia la reinstauración de la vida: «Porque cuando fundaron el amor / y se extendieron como vegetales / sobre la tierra natural, llegó / la ley del fuego con su espada / para vencerlos, para incinerarlos. / Paro ya habían aprendido el oficio / de metal y madera, eran divinos: / el primer hombre era el primer divino, / la primera mujer su rosa diosa: / ya no tenían por deber morir / sino multiplicarse sobre el mar» (LXXXIV, «El pasado»). Y más adelante: «Dice Rosía: Rompimos la cadena. / Dice Rhodo: Me darás cien hijos. / ... / Dice Rosía: Desde toda la muerte / llegamos al comienzo de la vida» (LXXXVII, «Dicen y vivirán»).

Yo soy/ yo eres. En los libros postreros la rehabitación se proyecta a la figura del hablante como final redimensión de todas sus antiguas pretensiones oraculares, de voz privilegiada, y como reaceptación de una humanidad compartida con todos los hombres del tiempo presente: «*Yo eres* el resumen / de lo que viviré, garganta o rosa», declara el hablante en GIF *(Geografía infructuosa,* «Ser») y agrega: «Hombres: nos habitamos mutuamente / y nos gastamos unos a los otros» (GIF, «Sucesivo»). A partir de aquí el término *hombres* adquiere un persistente valor autoalusivo, repitiéndose en los títulos de varios poemas de ROS *(La rosa separada)* y de DML *(2000),* fragmentándose en variantes al interior de esos textos: p. ej., «los transeúntes», «culpables», «los equivocados de estrella» (ROS), «el humano», «los invitados», «los escalonados en el tiempo», «nosotros, diputados de la muerte» (DML), etcétera.

Tal coparticipación del destino humano no deja de suscitar protestas del yo individuo: «yo me llamo trescientos, / cuarenta y seis, o siete»; protestas que, sin embargo, a verso seguido se resuelven en aceptación: «con humildad voy arreglando cuentas / hasta llegar a cero, y despedirme» (GIF, «A numerarse»). Con más frecuencia la inmersión del *yo* en el *todos* se textualiza en esta etapa final como voz del conjunto, como tentativa de expresión de un sentir, sufrir o protestar común, pero modulada a neta y significativa distancia del antiguo portavoz oracular.

Así, en ROS el hablante comienza por definirse peregrino de la Isla de Pascua: pero sólo «uno más» entre «los otros pesados peregrinos»; sólo un turista más, «igual a la profesora de Colombia, / al rotario de Filadelfia, al comerciante / de Paysandú...» (ROS, I, II). El parámetro de comparación es deliberadamente inusual en nuestro hablante. A diferencia del contemplador privilegiado de las ruinas de Macchu Picchu, este yo turista enfrentado a los vestigios y al silencio de Rapa Nui se confiesa tan incapaz como los otros turistas de aprehender el misterio, se reconoce uno más entre los invasores inútiles del espacio sagrado de las estatuas y del «oxígeno total».

De modo similar, el sujeto lírico de DML *(2000)* habla a nombre de «nosotros, / los fallecidos antes de esta estúpida cifra / en que ya no vivimos», manifiesta la frustración de prematuros y olvidados que reclaman el derecho a participar de los festejos, de la paz, de la construcción instalada en el futuro: «y nosotros, diputados de la muerte, / queremos existir un solo minuto florido / cuando se abran las puertas del honor venidero!» (DML, «Los invitados»). Este «yo, Pedro Páramo, Pedro Semilla, Pedro Nadie» que protesta a nombre de todos el derecho a las cuatro cifras del año 2000 y a la resurrección, representa al mismo tiempo la negación y la continuidad de aquel antiguo yo que instaba a Juan Cortapiedras, a Juan Comefrío, y a Juan Piesdescalzos a resucitar a través de «esta nueva vida» suya. Ahora el hablante es uno más entre los muertos de Macchu Picchu, de la plaza Bulnes, de Almería, de Stalingrado, de Hiroshima, del mil novecientos que no logró ser dos mil.

Pero a través de esta nueva identificación (como a través del renacer adánico en ESP), el hablante *rehabita* su conciencia histórica. Ello establece una importante diferencia entre las respectivas figuras del hablante en dos compilaciones que a primera vista parecen muy afines y que en realidad se oponen: *Fin de mundo* y *2000*. En un nuevo giro de la espiral el testigo de cargo (FDM) deviene todavía en DML, y definitivamente, testigo manifestante de la Vida: «Sube y baja el fulgor de la tierra a la boca / y el humano agradece la bondad de su reino: / alabada sea la vieja tierra color de excremento» (DML, «La tierra»). Hasta en los últimos poemas de MYC *(El mar y las campanas)* Neruda reafirmará con insistencia este autorreconocerse, su criatura hablante, en las grandezas y en las miserias del *otro,* en la estupidez y en la esperanza de los demás hombres, de ese *todos* en que con final orgullo-humildad se incluye: «porque soy tanto y tan poco, / tan multitud y tan desamparado» (MYC, «Yo me llamaba Reyes»); «entonces comprendí que él era yo, / que éramos un sobreviviente más / ...» (MYC, «Conocí al mexicano Tihuatín») [112].

Yo prisionero/tú transeúnte. Al interior de la cuenta regresiva de sus últimos textos (ese afanoso «ir arreglando cuentas / hasta llegar a cero»), hay un momento en ELG *(Elegía)* en que el hablante se autodiseña identificando representaciones de Moscú y del propio yo, situando a ambas «en el límite / del mundo antiguo y de los mundos nuevos» (ELG, XXVII). Aparte la reafirmación calibrada y nada triunfalista de sus preferencias ideológicas, ELG implica una autodefinición del hablante en dos sentidos: 1) como poeta de frontera —así como Moscú es ciudad de frontera en el espacio y en el tiempo históricos— entre escrituras encontradas: «clásico de mi araucanía, / castellano de sílabas», «yo, hijo de Apollinaire o de Petrarca, / y también yo, pájaro de San Basilio» (ELG, XXVII); 2) como voz consciente de cantar, aún, en el límite mismo que separa a su vida de su muerte. Esta *Elegía* de los amigos soviéticos fallecidos esconde así, también, una subterránea autoelegía.

Tanta vitalidad final en la línea de autorrepresentación que hemos esbozado, refuerza y acentúa la eficacia poética de otra línea más directamente personal que se desgrana,

---

[112] Sólo un análisis diacrónico de la intertextualización del autorretrato nerudiano puede establecer fundamentadamente la distancia que separa de hecho estas dos proposiciones, en apariencia tan próximas entre sí: 1) «ves tú qué simple soy, / que simple eres, / ... / y entonces, / cuando esto está probado, / cuando somos iguales, / escribo, / escribo con tu vida y con la mía» (OEL, «Oda al hombre sencillo»); 2) «así fue como supe / que yo era exactamente como tú / y como todo el mundo» (MYC, «Todos»).

hasta apagarse, en los textos postreros. Es la línea en cuyo avanzar el enfermo y el sobreviviente diseñan el progresivo deterioro físico, la propia extinción. Aquí el hablante se autodefine «el cobarde» frente al mal sin remedio (GIF); el «prisionero» que reclama ayuda a su mar chileno (JDI, *Jardín de invierno,* «Llama el océano») o que envidia la despreocupada existencia del *otro* transeúnte, del *tú* vivo y activo, reflejos de su propio pasado (CAM, *El corazón amarillo,* «Mañana con aire»), y también «animal de luz acorralado» (JDI); el inconcluso «que no alcanzó a llegar al bosque» (JDI); el inmóvil a pesar suyo, abandonado hasta por los pájaros (JDI, «Los triángulos»), o el soberano-esclavo, viejo Prometeo encadenado a su roca (JDI, «La estrella»).

Autorrepresentaciones indirectas o veladas, metáforas intensas y pudorosas al mismo tiempo, escanden los hitos de la impotencia y de la angustia finales: «la sal y el viento borran la escritura / y el alma ahora es un *tambor callado* / a la orilla de un río, de aquel río / que estaba allí y allí seguirá siendo» (DFS, *Defectos escogidos,* «Otro castillo»); «un *animal pequeño* / ... / oí toda la noche, / afiebrado, gimiendo / ... / contra la noche inmensa del océano» (MYC); «*esta campana rota,* / ... / campana verde, herida, / hunde sus cicatrices en la hierba» (MYC); «*puerto puerto* que no puede salir / a su destino abierto en la distancia / y aúlla / solo / como un tren de invierno / hacia la soledad, / hacia el mar implacable» (MYC) [113].

---

[113] Sobre el último ciclo nerudiano, cfr. Alazraki 1973 y 1975, Bellini 1976, Camacho Guizado 1978, Pring-Mill 1975, Rivero 1976, Rodríguez Monegal 1975, Sicard 1975 y 1977.

Las manos negativas

Cuándo me vio ninguno
cortando tallos, aventando el trigo?
Quién soy, si no hice nada?
Cualquiera, hijo de Juan,
tocó el terreno
y dejó caer algo
que entró como la llave
entra en la cerradura
y la tierra se abrió de par en par,

Yo no, no tuve tiempo,
ni enseñanza:
guardé las manos limpias
del cadáver urbano,
me despreció la grasa de las ruedas,

el barro inseparable de las costumbres claras
se fue a habitar sin mí las provincias silvestres:
la agricultura nunca se ocupó de mis libros
y sin tener que hacer, perdido en las bodegas,
reconcentré mis pobres preocupaciones
hasta que no viví sino en las despedidas.

Adiós dije al aceite, sin conocer la oliva,
y al tonel, un milagro de la naturaleza,
dije también adiós porque no comprendía
cómo se hicieron tantas cosas sobre la tierra
sin el consentimiento de mis manos inútiles.

[*MAD, IV*]

El olvido

Manos que sólo ropas y cuerpos
trabajaron,
camisas y caderas
y libros, libros, libros
hasta que sólo fueron
manos de sombra, redes
sin peces, en el aire:
sólo certificaron
el heroísmo de las otras manos,
y la procreadora construcción
que dedos muertos levantaron
y continúan dedos vivos.
No hay *antes* en mis manos:
olvidé los labriegos
que en el transcurso
de mi sangre

araron:
no mandaron en mí las recias razas
de herreros
que mano a mano elaboraron
anclas, martillos, clavos,
cucharas y tenazas,
tornillos, rieles, lanzas,
locomotoras, proas,
para que ferroviarios fogoneros
con lentitud de manos sucias
de grasa y de carbón, fueran de pronto
dioses del movimiento
en los trenes que cruzan por mi infancia
bajo las manos verdes de la lluvia.

[*MAD*, V]

El campanero

Aun aquél que volvió
del monte, de la arena,
del mar, del mineral, del agua,
con las manos vacías,
aun el domador
que volvió del caballo
en un cajón, quebrado
y fallecido
o la mujer de siete manos
que en el telar
perdió de pronto el hilo
y regresó al ovario,
a no ser más que harapo,
o aun el campanero

que al mover
en la cuerda
el firmamento
cayó de las iglesias
hacia la oscuridad
y el cementerio:
aun todos ellos
se fueron
con las manos gastadas
no por la suavidad sino por algo:
el tiempo corrosivo,
la substancia
enemiga
del carbón, de la ola,
del algodón, del viento,
porque sólo el dolor enseñó a ser:
porque hacer fue el destino de las manos
y en cada cicatriz cabe la vida.

                                      [*MAD*, VIII]

Destinos

De tu destino dame una bandera,
un terrón, una espátula de fierro,
algo que vuele o pase, la cintura
de una vasija, el sol de una cebolla:
yo te lo pido por cuanto no hice nada.
Y antes de despedirme, quiero estar
preparado y llegar con tus trabajos
como si fueran míos, a la muerte.
Allí en la aduana me preguntarán
cuántas cosas labré, corté, compuse,
remendé, completé, dejé moviendo

entre manos hambrientas y mortales
y yo responderé:
esto es lo que hice, es esto lo que hicimos.
Porque sentí que de alguna manera
compartí lo que hacían
o mis hermanos o mis enemigos:
y ellos, de tanta nada que saqué
de la nada, de la nada mía,
tomaron algo y les sirvió mi vida.

[*MAD*, IX]

Ausentes

No hay nadie. Unos golpearon todo el día
la misma rueda hasta que ahora rueda,
otros cubrieron de lástex el mundo
hasta dejarlo verde,
anaranjado,
violeta
y amarillo.

Estos vuelven del mar y ya se fueron.
Aquí estuvieron sin parar las manos
sacudiendo en el aire la blancura
las lavanderas, pero ya se fueron.
Y los que manejaron el alambre
o las locomotoras,
hasta los sacerdotes
del crepúsculo
todos tomaron el mismo navío,
todos se fueron entre tantas olas
de la noche

o con el polvo amargo del desierto
o con la combustión de las estrellas
o con el agua que se va y no vuelve
o con el llanto que busca a los muertos,
todos hicieron algo, y es de noche.

Yo navego perdido
entre la soledad que me dejaron.

Y como no hice nada,
miro en la oscuridad hacia tantas ausencias
que paulatinamente me han convertido en sombra.

[*MAD, XI*]

El hijo de la luna

Todo está aquí viviendo,
haciendo,
haciéndose
sin participación de mi paciencia
y cuando colocaron estos rieles,
hace cien años,
yo no toqué este frío:
no levantó mi corazón mojado
por las lluvias del cielo de Cautín
un solo movimiento
que ayudara
a extender los caminos
de la velocidad que iba naciendo.

Ni luego puse un dedo
en la carrera

del público espacial que mis amigos
lanzaron hacia Aldebarán suntuoso.

Y de los organismos egoístas
que sólo oyeron, vieron
y siguieron
yo sufrí humillaciones que no cuento
para que nadie siga sollozando
con mis versos que ya no tienen llanto
sino energía que gasté en el viento,
en el polvo, en la piedra del camino.

Y porque anduve tanto sin quebrar
los minerales ni cortar madera
siento que no me pertenece el mundo:
que es de los que clavaron y cortaron
y levantaron estos edificios
porque si la argamasa, que nació
y duró sosteniendo los designios,
la hicieron otras manos,
sucias de barro y sangre,
yo no tengo derecho a proclamar
mi existencia: fui un hijo de la luna.

                                        [*MAD*, XIII]

Cerca de los cuchillos

Es ésta el alma suave que esperaba,
ésta es el alma de hoy, sin movimiento,
como si estuviera hecha de luna
sin aire, quieta en su bondad terrible.

Cuando caiga una piedra
como un puño
del cielo de la noche
en esta copa la recibiré:
en la luz rebosante
recibiré la oscuridad viajera,
la incertidumbre celeste.

No robaré sino este movimiento
de la hierba del cielo,
de la noche fértil:
sólo un golpe de fuego,
una caída.

Líbrame, tierra oscura, de mis llaves:
si pude abrir y refrenar
y volver a cerrar el cielo duro,
doy testimonio de que no fui nada,
de que no fui nadie,
de que no fui.

Solo esperé la estrella,
el dardo de la luna,
el rayo de piedra celeste,
esperé inmóvil en la sociedad
de la hierba que crece en primavera,
de la leche en la ubre,
de la miel perezosa y peregrina:
esperé la esperanza,
y aquí estoy
convicto
de haber pactado con la tempestad,
de haber aceptado la ira,
de haber abierto el alma,
de haber oído entrar al asesino,
mientras yo conversaba con la noche.

Ahí viene otro, dijo ladrando el perro.
Y yo con mis ojos de frío,
con el luto plateado
que me dio el firmamento,
no vi el puñal ni el perro,
no escuché los ladridos.

Y aquí estoy cuando nacen las semillas
y se abren como labios:
todo es fresco y profundo.

Estoy muerto,
estoy asesinado:
estoy naciendo
con la primavera.

Aquí tengo una hoja,
una oreja, un susurro,
un pensamiento:
voy a vivir otra vez,
me duelen las raíces,
el pelo,
me sonríe la boca:
me levanto
porque ha salido el sol.

Porque ha salido el sol.

                                        [*MAD*, XVII]

Los soberanos

Sí, soy culpable
de lo que no hice,

de lo que no sembré, corté, medí,
de no haberme incitado a poblar tierras,
de haberme mantenido en los desiertos
y de mi voz hablando con la arena.

Otros tendrán
más luz en su prontuario,
yo había destinado a tantas cosas
crecer de mí, como de la madera
se recortan cantando los tablones,
que sin hablar de mi alma
sino mucho más tarde
yo tendré mala nota
porque no hice
un reloj: no cumplí con mi deber:
se sabe que un reloj es la hermosura.

La caracola no la puede hacer
sino la propia bestia
íntima, en su silencio,
y es propiedad de los escarabajos
la errante y enigmática estructura
de los siete relámpagos que ostentan.

Pero el hombre que sale con sus manos
como con guantes muertos
moviendo el aire hasta que se deshacen
no me merece
la ternura
que doy al diminuto oceanida
o al mínimo coloso coleóptero:
ellos sacaron de su propia esencia
su construcción y su soberanía.

[MAD, XXIII]

El golpe

Tinta que me entretienes
gota a gota
y vas guardando el rastro
de mi razón y de mi sinrazón
como una larga cicatriz que apenas
se verá, cuando el cuerpo esté dormido
en el discurso de sus destrucciones.

Tal vez mejor hubiera
volcado en una copa
toda tu esencia, y haberla arrojado
en una sola página, manchándola
con una sola estrella verde
y que sólo esa mancha
hubiera sido todo
lo que escribí a lo largo de mi vida,
sin alfabeto ni interpretaciones:
un solo golpe oscuro
sin palabras.

[*MAD, XLVI*]

Esto es sencillo

Muda es la fuerza (me dicen los árboles)
y la profundidad (me dicen las raíces)
y la pureza (me dice la harina).
Ningún árbol me dijo:
«Soy más alto que todos.»
Ninguna raíz me dijo:

«Yo vengo de más hondo.»
Y nunca el pan ha dicho:
«No hay nada como el pan.»

[*MAD, LI*]

Moralidades

Que la razón no me acompañe más,
dice mi compañero, y lo acompaño
porque amo, como nadie, el extravío.
Vuelve mi compañero a la razón
y acompaño otra vez al compañero
porque sin la razón no sobrevivo.

[*MAD, LIII*]

Las manos de los días

Al azar de la rosa
nace la hora iracunda
o amarilla.
Lámina de volcán, pétalo de odio,
garganta carnicera,
así es un día, y otro
es tiernamente,
sí, decididamente, epitalamio.

[*MAD, LVII*]

El pasado

No volverán aquellos anchos días
que sostuvieron, al pasar, la dicha.

Un rumor de fermentos
como sombrío vino en las bodegas
fue nuestra edad. Adiós,
adiós, resbalan
tantos adioses como las palomas
por el cielo, hacia el sur, hacia el silencio.

[*MAD, LVIII*]

El enfermo toma el sol

Qué haces tú, casi muerto, si el nuevo
día lunes
hilado por el sol, fragante a beso,
se cuelga de su cielo señalado
y se dedica a molestar tu crisis?

Tú ibas saliendo de tus intestinos,
de tus suposiciones lacerantes
en cuyo extremo el túnel
sin salida, la oscuridad con su final dictamen
te esperaba: el silencio
del corazón o de otra
víscera amenazada
te hundió en la certidumbre del adiós
y cerraste los ojos, entregado
al dolor, a su viento sucesivo.

Y hoy que desamarrado de la cama
ves tanta luz que no cabe en el aire
piensas que si, que si te hubieras muerto
no sólo no hubiera pasado nada
sino que nunca cupo tanta fiesta
como en el bello día de tu entierro.

[*MAD, LXIV*]

El tardío

Que se sepa por el transcurso
del lento día de mi vida
que llegué tarde a todas partes:

sólo las sillas me esperaban

(y las olas negras del mar).

Este siglo estaba vacío.

Estaban haciendo las ruedas
de un carruaje de terciopelo.
Para un navío que nacía
se necesitaban adioses.

Las locomotoras aún
tenían sueños de la selva,
se derramaban por los rieles
como cascadas de caimanes
y así la tierra poco a poco
llegó a ser una copa de humo.

Caballos en la amanecida
con los hocicos vaporosos
y las monturas mojadas.
Ah, que galopen como yo,
les pido a los claros poetas,
sobre cinco leguas de barro.

Que se levanten en el frío
(el mundo atónito del alba,
los manzanos llenos de lluvia)

y ensillen en aquel silencio
y galopen hacia la luna!

[FDM]

El peligro

Sí, nos dijeron: No resbalen
en los salones encerados
ni en barro ni en nieve ni en lluvia.
Muy bien, dijimos, a seguir
sin resbalar en el invierno.
Pero qué sucedió? Sentimos
bajo los pies algo que huía
y que nos hacía caer.

Era la sangre de este siglo.

Bajó de las secretarías,
de los ventisqueros saqueados,
del mármol de las escaleras
y cruzó el campo, la ciudad,
las redacciones, los teatros,
los almacenes de ceniza,
las rejas de los coroneles:
la sangre cubría las zanjas
y saltaba de guerra en guerra
sobre millones de ojos muertos
que sólo miraban la sangre.

Esto pasó. Yo lo atestiguo.

Ustedes vivirán tal vez
resbalando sólo en la nieve.

A mí me tocó este dolor
de resbalar sobre la sangre.

[*FDM*]

Sepan lo sepan lo sepan

Ay la mentira que vivimos
fue el pan nuestro de cada día.
Señores del siglo veintiuno,
es necesario que se sepa
lo que nosotros no supimos,
que se vea el contra y el por,
porque no lo vimos nosotros,
y que no coma nadie más
el alimento mentiroso
que en nuestro tiempo nos nutría.

Fue el siglo comunicativo
de las incomunicaciones:
los cables debajo del mar
fueron a veces verdaderos
cuando la mentira llegó
a tener mayor latitud
y longitudes que el océano:
los lenguajes se acostumbraron
a aderezar el disimulo,
a sugerir las amenazas,
y las largas lenguas del cable
enrollaron como serpientes
el mentidero colosal
hasta que todos compartimos
la batalla de la mentira

y después de mentir corriendo
salimos mintiendo a matar,
llegamos mintiendo a morir.

Mentíamos con los amigos
en la tristeza o el silencio
y el enemigo nos mintió
con la boca llena de odio.

Fue la edad fría de la guerra.

La edad tranquila del odio.

Una bomba de cuando en cuando
quemaba el alma de Viet Nam.

Y Dios metido en su escondite
acechaba como una araña
a los remotos provincianos
que con soñolienta pasión
caían en el adulterio.

                                        [*FDM*]

Las guerras

Ven acá, sombrero caído,
zapato quemado, juguete,
o montón póstumo de anteojos
o bien, hombre, mujer, ciudad,
levántense de la ceniza
hasta esta página cansada,
destituida por el llanto.

Ven, nieve negra, soledad
de la injusticia siberiana,
restos raídos del dolor,
cuando se perdieron los vínculos
y se abrumó sobre los justos
la noche sin explicaciones.

Muñeca del Asia quemada
por los aéreos asesinos,
presenta tus ojos vacíos
sin la cintura de la niña
que te abandonó cuando ardía
bajo los muros incendiados
o en la muerte del arrozal.

Objetos que quedaron solos
cerca de los asesinados
de aquel tiempo en que yo viví
avergonzado por la muerte
de los otros que no vivieron.

De ver la ropa tendida
a secar en el sol brillante
recuerdo las piernas que faltan,
los brazos que no las llenaron,
partes sexuales humilladas
y corazones demolidos.

Un siglo de zapaterías
llenó de zapatos el mundo
mientras cercenaban los pies
o por la nieve o por el fuego
o por el gas o por el hacha!

A veces me quedo agachado
de tanto que pesa en mi espalda

la repetición del castigo:
me costó aprender a morir
con cada muerte incomprensible
y llevar los remordimientos
del criminal innecesario:

porque después de la crueldad
y aun después de la venganza
no fuimos tal vez inocentes
puesto que seguimos viviendo
cuando mataban a los otros.
Tal vez les robamos la vida
a nuestros hermanos mejores.

[FDM]

Hoy es también

Florece este día de invierno
con una sola rosa muerta,
la noche prepara su nave,
caen los pétalos del cielo
y sin rumbo vuelve la vida
a recogerse en una copa.

Yo no sé decir de otro modo:
la noche negra, el día rojo,
y recibo las estaciones
con cortesía de poeta:
espero puntual la llegada
de las verbales golondrinas
y monto una guardia de acero
frente a las puertas del otoño.

Por eso el invierno imprevisto
me sobrecoge en su accidente
como el humo desalentado
del recuerdo de una batalla:
no es la palabra *padecer,*
no es *escarmiento,* no es *desdicha,*
es como un sonido en la selva,
como un tambor bajo la lluvia.
Lo cierto es que cambia mi tema
con el color de la mañana.

[*FDM*]

Diablos

He visto cómo preparaba
su condición el oportuno,
su coartada el arribista,
sus redes la rica barata,
sus inclusiones el poeta.

Yo jugué con el papel limpio
frente a la luz todos los días.
Yo soy obrero pescador
de versos vivos y mojados
que siguen saltando en mis venas.
Nunca supe hacer otra cosa
ni supe urdir los menesteres
del intrínseco jactancioso
o del perverso intrigador,
y no es propaganda del bien
lo que estoy diciendo en mi canto:
sino que no lo supe hacer,

y les pido excusas a todos:
déjenme solo con el mar:
yo nací para pocos peces.

[FDM]

Tristeza en la muerte de un héroe

Los que vivimos esta historia,
esta muerte y resurrección
de nuestra esperanza enlutada,
los que escogimos el combate
y vimos crecer las banderas,
supimos que los más callados
fueron nuestros únicos héroes
y que después de las victorias
llegaron los vociferantes
llena la boca de jactancia
y de proezas salivares.

El pueblo movió la cabeza:
y volvió el héroe a su silencio.
Pero el silencio se enlutó
hasta ahogarnos en el luto
cuando moría en las montañas
el fuego ilustre de Guevara.

El comandante terminó
asesinado en un barranco.

Nadie dijo esta boca es mía.
Nadie lloró en los pueblos indios.
Nadie subió a los campanarios.

Nadie levantó los fusiles,
y cobraron la recompensa
aquellos que vino a salvar
el comandante asesinado.

Qué pasó, medita el contrito,
con estos acontecimientos?

Y no se dice la verdad
pero se cubre con papel
esta desdicha de metal.
Recién se abría el derrotero
y cuando llegó la derrota
fue como un hacha que cayó
en la cisterna del silencio.

Bolivia volvió a su rencor,
a sus oxidados gorilas,
a su miseria intransigente,
y como brujos asustados
los sargentos de la deshonra,
los generalitos del crimen,
escondieron con eficiencia
el cadáver del guerrillero
como si el muerto los quemara.

La selva amarga se tragó
los movimientos, los caminos,
y donde pasaron los pies
de la milicia exterminada
hoy las lianas aconsejaron
una voz verde de raíces
y el ciervo salvaje volvió
al follaje sin estampidos.

                                                [FDM]

Metamorfosis

He recibido un puntapié
del tiempo y se ha desordenado
el triste cajón de la vida.
El horario se atravesó
como doce perdices pardas
en un camino polvoriento
y lo que antes fue la una
pasó a ser las ocho cuarenta
y el mes de abril retrocedió
hasta transformarse en noviembre.

Los papeles se me perdieron,
no se encontraban los recibos,
se llenaron los basureros
con nombres de contribuyentes,
con direcciones de abogados
y números de deliciosas.
Fue una catástrofe callada.
Comenzó todo en un domingo
que en vez de sentirse dorado
se arrepintió de la alegría
y se portó tan lentamente
como una tortuga en la playa:
no llegó nunca al día lunes.

Al despertarme me encontré
más descabellado que nunca,
sin precedentes, olvidado
en una semana cualquiera,
como una valija en un tren
que rodara a ninguna parte
sin conductor ni pasajeros.

No era un sueño porque se oyó
un mugido espeso de vaca
y luego trajeron la leche
con calor aún de las ubres,
además de que me rodeaba
un espectáculo celeste:
la travesura de los pájaros
entre las hojas y la niebla.
Pero lo grave de este asunto
es que no continuaba el tiempo.

Todo seguía siendo sábado
hasta que el viernes se asomaba.
Adónde voy? Adónde vamos?
A quién podía consultar?

Los monumentos caminaban
hacia atrás empujando el día,
como guardias inexorables.
Y se desplomaba hacia ayer
todo el horario del reloj.

No puedo mostrar a la gente
mi colección de escalofríos:
me sentí solo en una casa
perforada por las goteras
de un aguacero inapelable
y para no perder el tiempo,
que era lo único perdido,
rompí los últimos recuerdos,
me despedí de mi botica,
eché al fuego los talonarios,
las cartas de amor, los sombreros,
y como quien se tira al mar
yo me tiré contra el espejo.

Pero ya no me pude ver.
Sentía que se me perdía
el corazón precipitado
y mis brazos disminuyeron,
se desmoronó mi estatura,
a toda velocidad
se me borraban los años,
regresó mi cabellera,
mis dientes aparecieron.

En un fulgor pasé mi infancia,
seguí contra el tiempo en el cauce
hasta que no vi de mí mismo,
de mi retrato en el espejo
sino una cabeza de mosca,
un microscópico huevillo
volviendo otra vez al ovario.

[FDM]

Artes poéticas, I

Como poeta carpintero
busco primero la madera
áspera o lisa, predispuesta:
con las manos toco el olor,
huelo el color, paso los dedos
por la integridad olorosa,
por el silencio del sistema,
hasta que me duermo o transmigro
o me desnudo y me sumerjo
en la salud de la madera:
en sus circunvalaciones.

Lo segundo que hago es cortar
con sierra de chisporroteo
la tabla recién elegida:
de la tabla salen los versos
como astillas emancipadas,
fragantes, fuertes y distantes
para que ahora mi poema
tenga piso, casco, carena,
se levante junto al camino,
sea habitado por el mar.

Como poeta panadero
preparo el fuego, la harina,
la levadura, el corazón,
y me complico hasta los codos
amasando la luz del horno,
el agua verde del idiota,
para que el pan que me sucede
se venda en la panadería.

Yo soy y no sé si lo sepan
tal vez herrero por destino
o por lo menos propicié
para todos y para mí
metalúrgica poesía.
En tal abierto patrocinio
no tuve adhesiones ardientes:
fui ferretero solitario.

Rebuscando herraduras rotas
me trasladé con mis escombros
a otra región sin habitantes,
esclarecida por el viento.
Allí encontré nuevos metales
que fui convirtiendo en palabras.

Comprendo que mis experiencias
de metafísico manual
no sirvan a la poesía,
pero yo me dejé las uñas
arremetiendo a mis trabajos
y ésas son las pobres recetas
que aprendí con mis propias manos:
si se prueba que son inútiles
para ejercer la poesía
estoy de inmediato de acuerdo:
me sonrío para el futuro
y me retiro de antemano.

                                                    [FDM]

Alianza

Cuando la hoja no converse
con otras hojas y preserve
infinitos labios el árbol
para susurrarnos susurros,
cuando la patria vegetal
con sus banderas abolidas
se resigne al precario idioma
del hombre o a su silencio
y por mi parte cuando asuma
como agua o savia los deberes
de la raíz a la corola,
ay ese mundo es la victoria,
es el paraíso perdido,
la unidad verde, la hermosura
de las uvas y de las manos,

el signo redondo que corre
anunciando mi nacimiento.

[*FDM*]

Siglo

Con apenas alas y ruedas
nació el año número uno
del mil novecientos año
y ahora que se va enterrando
si bien tiene piernas podridas,
ojos sangrientos, uñas tristes,
tiene más ruedas que jamás,
tiene alas para todo el cielo.

Vamos volando, nos invita
con el corazón a cuestas
arrastrando por el espacio
un saco impúdico de crímenes:
lo vemos subir y subir
agujereando la estratósfera
y dejando atrás el sonido.
No sólo nosotros oímos
el cuchillo que clava el cielo
y que recorta los planetas:
en islas malditas lo siguen
los poetas encadenados
de Atenas, y en los calabozos
de las prisiones paraguayas
celebran el fruto espacial
los ojos de los torturados.

Tal vez pensamos que la dicha
nos ofrecerá sus planetas
y que debemos alejar
la mirada de la agonía.
No nos hagamos ilusiones
nos aconseja el calendario,
todo seguirá como sigue,
la tierra no tiene remedio:
en otras regiones celestes
hay que buscar alojamiento.

[FDM]

Siempre yo

Yo que quería hablar del siglo
adentro de esta enredadera,
que es mi siempre libro naciente,
por todas partes me encontré
y se me escapaban los hechos.

Con buena fe que reconozco
abrí los cajones al viento,
los armarios, los cementerios,
los calendarios con sus meses
y por las grietas que se abrían
se me aparecía mi rostro.

Por más cansado que estuviera
de mi persona aceptable
volvía a hablar de mi persona
y lo que me parece peor
es que me pintaba a mí mismo
pintando un acontecimiento.

Qué idiota soy dije mil veces
al practicar con maestría
las descripciones de mí mismo
como si no hubiera habido
nada mejor que mi cabeza,
nadie mejor qué mis errores.

Quiero saber, hermanos míos,
dije en la Unión de Pescadores,
si todos se aman como yo.
La verdad es —me contestaron—
que nosotros pescamos peces
y tú te pescas a ti mismo
y luego vuelves a pescarte
y a tirarte al mar otra vez.

                                        [*FDM*]

Condiciones

Con tantas tristes negativas
me despedí de los espejos
y abandoné mi profesión:
quise ser ciego en una esquina
y cantar para todo el mundo
sin ver a nadie porque todos
se me parecían un poco.

Pero buscaba mientras tanto
cómo mirarme hacia detrás,
hacia donde estaba sin ojos
y era oscura mi condición.

No saqué nada con cantar
como un ciego del populacho:
mientras más amarga la calle
me parecía yo más dulce.

Condenado a quererme tanto
me hice un hipócrita exterior
ocultando el amor profundo
que me causaban mis defectos.
Y así sigo siendo feliz
sin que jamás se entere nadie
de mi enfermedad insondable:
de lo que sufrí por amarme
sin ser, tal vez, correspondido.

[*FDM*]

Exilios

Unos por haber rechazado
lo que no amaban de su amor,
porque no aceptaron cambiar
de tiempo, cambiaron de tierra:

sus corazones eran sus lágrimas.

Y otros cambiaron y vencieron
adelantando con la historia.

Y también tenían razón.

La verdad es que no hay verdad.

Pero yo en mi canto cantando
voy y me cuentan los caminos
a cuántos han visto pasar
en este siglo de apátridas.
Y el poeta sigue cantando
tantas victorias y dolores
como si este pan turbulento
que comemos los de esta edad
tal vez fue amasado con tierra
bajo los pies ensangrentados,
tal vez fue amasado con sangre
el triste pan de la victoria.

                                    [*FDM*]

Canto

Para los pueblos fue mi canto
escrito en la zona del mar
y viví entre el mar y los pueblos
como un centinela secreto
que defendía sus batallas
lleno de amor y de rumor:
porque soy el hombre sonoro,
testigo de las esperanzas
en este siglo asesinado.
Cómplice de la humanidad
con mis hermanos asesinos.

Todos queríamos ganar.

Fue el siglo del participante,
de partidos y de participios.

El mundo se nos terminaba
y continuábamos perdiendo
ganando más cada día.

Acompañamos a la tierra
en cada marea de amor
y la fuimos llenando de hombres
hasta que no cabían más
y llegaron los desde lejos
a apoderarse de cuanto hay.

Es triste historia esta tristeza.

Por eso la debo cantar.

Es temprano.
                1970.
Estos treinta años de crepúsculo
que vienen, que se agregan solos
al largo día, estallarán
como cápsulas en el silencio,
flores o fuego, no lo sé.

Pero algo debe germinar,
crecer, latir entre nosotros:
hay que dejar establecida
la nueva ternura en el mundo.

Canto

Me morí con todos los muertos,
por eso pude revivir
empeñado en mi testimonio
y en mi esperanza irreductible.

Canto

Uno más, entre los mortales,
profetizo sin vacilar
que a pesar de este fin de mundo
sobrevive el hombre infinito.

Canto

Rompiendo los astros recientes,
golpeando metales furiosos
entre las estrellas futuras,
endurecidos de sufrir,
cansados de ir y de volver,
encontraremos la alegría
en el planeta más amargo.

Adiós

Tierra, te beso, y me despido.

[FDM]

Nosotros, los perecederos

Nosotros, los perecederos, tocamos los metales,
el viento, las orillas del océano, las piedras,
sabiendo que seguirán, inmóviles o ardientes,
y yo fui descubriendo, nombrando todas las cosas:
fue mi destino amar y despedirme.

[AUN, XV]

Alguna vez

Alguna vez, cerca de Antofagasta,
entre las malgastadas vidas del hombre
y el círculo arenoso
de la pampa,
sin ver ni oír me detuve en la nada:
el aire es vertical en el desierto:
no hay animales (ni siquiera moscas)
sólo la tierra, como la luna, sin caminos,
sólo la plenitud inferior del planeta,
los kilómetros densos de noche y material.
Yo allí solo, buscando la razón de la tierra
sin hombres y sin alas, poderosa,
sola en su magnitud, como si hubiera
destruido una por una las vidas
para establecer su silencio.

                                   [*AUN, XXII*]

Se va el hoy

Se va el hoy. Fue una cápsula
de fría luz que volvió a su recinto,
a su madre sombría, a renacer.
Lo dejo ahora envuelto en su linaje.
Es verdad, día, que participé en la luz?
Tiempo, soy parte de tu catarata?
Arenas mías, soledades!

Si es verdad que nos vamos,
nos fuimos consumiendo

a plena sal marina
y a golpes de relámpago.
Mi razón ha vivido a la intemperie,
entregué al mar mi corazón calcáreo.

[*AUN, XXV*]

Desde las guerras

Rhodo el guerrero había transmigrado
desde los arenales del Gran Desierto:
la edad de las lanzas verdes vivió, el trueno
de las caballerías, la dirección del rayo.

La sangre fue bandera del terrible.
La muerte lo enlutó de manera espaciosa
como a tierra nocturna,
hasta que decidió dedicarse al silencio,
a la profundidad desconocida,
y buscó tierra para un nuevo reino,
aguas azules para lavar la sangre.

(En el extremo de Chile se rompe el planeta:
el mar y el fuego, la ciencia de las olas,
los golpes del volcán, el martillo del viento,
la racha dura con su filo furioso,
cortaron tierras y aguas, las separaron: crecieron
islas de fósforo, estrellas verdes, canales invitados,
selvas como racimos, roncos desfiladeros:
en aquel mundo de fragancia fría
Rhodo fundó su reino.)

[*ESP, IV*]

Las estatuas

Sus setenta mujeres se habían convertido en sal,
y por los monasterios de la naturaleza,
fuego y rencor, Rhodo contempló las estatuas
diseminadas en la noche forestal.

Allí estaba la que parió sus hijos errantes:
Niobe, la roja, ya sin voz y sin ojos
erigida en su olvido de alabastro.

Y allí también prisionera, Rama, la delicada,
y Beatriz de tan interminable cabellera
que cuando se peinaba llovía en Rayaruca:
caía de su cabeza lluvia verde,
hebras oscuras descendían del cielo.

Y Rama, la que robaba frutas,
trepada a la incitante tormenta como a un árbol
poblado de manzanas y relámpagos.

Y Abigail, Teresara, Dafna, Leona,
Dulceluz, Lucía, Blancaflor, Loreto,
Cascabela, Cristina, Delgadina,
Encarnación, Remedios, Catalina, Granada,
Petronila, Doralisa, Dorada, Dorotea,
allí bajo las bóvedas de cuarzo, yacían
mudas, ferruginosas, quemadas por la nieve
o elevaban piernas y pechos cubiertos de musgo,
roídas por las raíces de árboles imperiosos.

[*ESP, V*]

El hombre

Ciento treinta años tenía Rhodo, el viejo.
Rosía sin edad era una piedrecita
que el mismo viento de Nahuelbuta amarga
hubiera suavizado como una intacta almendra:
bella y serena era como un piedra blanca
en los brazos de Rhodo, el milenario.

                                        [ESP, XI]

Sobrevivientes

Qué había pasado en la tierra?
Es este último hombre o primer hombre?
En tierras desdichadas o felices?
Por qué fundar la humanidad de nuevo?
Por qué saltaba el sol de rama en rama
hasta cantar con garganta de pájaro?
Qué debo hacer, decía el viento,
y por qué debo convertirme en oro,
decía el trigo, no vale la pena
llegar al pan sin manos y sin bocas:
el vacío terrestre
está esperando fuera
o dentro del hombre:
todas las guerras nos mataron a todos,
nunca quedó sobreviviente alguno.

De la primera guerra
a piedra y luego
a cuchillo y a fuego

no quedó vivo nadie:
la muerte quiso repetir su alimento
e inventó nuevos hombres mentirosos
y éstos ahora con su maquinaria
volvieron a morirse y a morirnos.

Caín y Abel cayeron muchas veces
(asesinados un millón de veces)
(un millón de quijadas
y quebrantos)
murieron a revólver y a puñal,
a veneno y a bomba,
fueron envueltos en el mismo crimen
y derramaron toda su sangre cada vez.
Ninguno de ellos podía vivir
porque el asesinado era culpable
de que su hermano fuera el asesino
y el asesino estaba muerto:
aquel primer guerrero
murió también cuando mató a su hermano.

[ESP, XV]

La soledad

Rhodo al dejar atrás lo que se llama el pasado
dejó de ser el cómplice del crimen, de un crimen
de lo que había sido y no sido, de los demás, de todos,
y cuando se vio manchado por sangre
remota o anterior o presente o futura
rompió el tiempo y llegó a su destino,
volvió a ser primer hombre sin alma ensangrentada,

no huyó: era más simple que eso:
estaba otra vez solo el primer hombre
porque esta vez no lo quería nadie:
lo rechazaron las calles oscuras,
los palacios desiertos,
ya no podía entrar en las ciudades
porque se había ido todo el mundo.

Ya nadie, nadie lo necesitaba.

Y no sabía bien si era harina o ceniza
lo que quedaba en las panaderías,
si peces o serpientes
en el mercado después del incendio,
y si los esqueletos olvidados en las zanjas
eran sólo carbón o soldados que ardieron.
El redivivo se comió territorios,
primaveras heridas, provincias calcinadas:
no tuvo miedo, había
salido de sí mismo:
era una criatura
recién creada por la muerte,
era el sonido de una campana rota
que azota el aire como el fuego,
estaba condenado a vivir
fuera del aire oscuro:
y como este hombre no tenía cielo
buscó la enmarañada rosa verde
del territorio secreto:
nadie allí había matado una paloma,
ni una abeja, ni un nardo,
los zorros color de humo bebían con los pájaros
bajo la magnitud virgen del avellano:
el albatros reinaba sobre las aguas duras,
el ave carpintera trabajaba en el frío

y una gran lengua clara que lamía el planeta
bajaba del volcán hacia los ventisqueros.

[*ESP, XVI*]

La esperanza

Rhodo olvidó el pasado,
las abejas, las ruedas
de la guerra, la miel,
la sangre, el luto
de las uvas.

El hombre rompió el tiempo.

Había muerto el mundo.

Estaba solo.

Solo con el fulgor
de un nuevo día hirviente y espacioso.

Huyó de todos los muertos
y supo que no sólo la sola soledad
era el destino:

tenía que defender dos cuerpos suyos
y continuar la vida de la tierra.

[*ESP, XLIV*]

Aquí termina y comienza este libro

Dice Rhodo: Yo me consumí
en aquel reino que quise fundar
y no sabía ya que estaba solo.
Fue mi noción quebrantar esa herencia
de sangre y sociedad: deshabitarme.
Y cuando dominé la paz terrible
de las praderas, de los ventisqueros,
me hallé más solitario que la nieve.

Fue entonces: tú llegaste del incendio
y con la autoridad de tu ternura
comencé a continuarme y a extenderme.

Tú eres el infinito que comienza.

Tan simple tú, hierba desamparada
de matorral, me hiciste despertar
y yo te desperté, cuando los truenos
del volcán decidieron avisarnos
que el plazo se cumplía
yo no quise extinguirte ni extinguirme.

                        [*ESP, LXXXVI*]

Dicen y vivirán

Dice Rosía: Rompimos la cadena.
Dice Rhodo: Me darás cien hijos.
Dice Rosía: Poblaré la luz.
Dice Rhodo: Te amo. Viviremos.
Dice Rosía: Sobre aquellas arenas
diviso sombras.

Dice Rhodo: Somos nosotros mismos.
Dice Rosía: Sí, nosotros, al fin.
Dice Rhodo: Al principio: nosotros.
Dice Rosía: Quiero vivir.
Dice Rhodo: Yo quiero comer.
Dice Rosía: Tú me diste la vida.
Dice Rhodo: Vamos a hacer el pan.
Dice Rosía: Desde toda la muerte
llegamos al comienzo de la vida.
Dice Rhodo: No te has visto?
Dice Rosía: Estoy desnuda. Tengo frío.
Dice Rhodo: Déjame el hacha.
Traeré la leña.
Dice Rosía: Sobre esta piedra
esperaré para encender el fuego.

                                        [*ESP, LXXXVII*]

Yo soy este desnudo mineral

Yo soy este desnudo
mineral:
eco del subterráneo:
estoy alegre
de venir de tan lejos,
de tan tierra:
último soy, apenas
vísceras, cuerpo, manos,
que se apartaron sin saber por qué
de la roca materna,
sin esperanza de permanecer,
decidido al humano transitorio,
destinado a vivir y deshojarse.

Ah ese destino
de la perpetuidad oscurecida,
del propio ser —granito sin estatua,
materia pura, irreductible, fría:
piedra fui: piedra oscura
y fue violenta·la separación,
una herida en mi ajeno nacimiento:
quiero volver
a aquella certidumbre,
al descanso central, a la matriz
de la piedra materna
de donde no sé cómo ni sé cuándo
me desprendieron para disgregarme.

[PDC]

[*Cuando regresé de mi séptimo viaje*]

Cuando regresé de mi séptimo viaje, antes de abrir la
puerta de mi casa, se me ocurrió extraviarme en el laberinto rocoso de Trasmañán, entre el peñón de Tralca y
las primeras casas del Quisco Sur. En busca de una anémo-
na de color violentísimo que muchas veces, años antes,
contemplé adherida a los muros de granito que la rom-
piente lava con sus estallidos salados. De pronto me quedé inmovilizado frente a una antigua puerta de hierro.
Creí que se trataba de un despojo del mar: no era así:
empujando con fuerza cedieron los goznes y entré en una
gruta de piedra amarilla que se alumbraba sola, tanta luz
irradiaban grietas, estalactitas y promontorios. Sin duda
alguien o algo habitó alguna vez esta morada, a juzgar
por los restos de latas oxidadas que sonaron a mi paso.
Llamé en voz alta por si alguien estuviera oculto entre las
agujas amarillas. Extrañamente, fui respondido: era mi

propia voz, pero al eco ronco se agregaba al final un lamento penetrante y agudo. Repetí la experiencia, preguntando en voz más alta aún: Hay alguien detrás de estas piedras? El eco me respondió de nuevo con mi propia voz enronquecida y luego extendió la palabra piedras con un aullido delirante, como venido de otro planeta. Un largo escalofrío me recorrió clavándome a la arena de la gruta. Apenas pude zafar los pies, lentamente, como si caminara bajo el mar, regresé hacia la puerta de hierro de la entrada. Pensaba durante el esforzado retorno que si miraba hacia atrás me convertiría en arena, en piedra dorada, en sal de estalactita. Fue toda una victoria aquella evasión silenciosa. Llegado al umbral volví la cabeza entrecerrando el ala oxidada del portón y de pronto oí de nuevo, desde el fondo de aquella oscuridad amarilla, el lamento agudo y redoblado, como si un violín enloquecido me despidiera llorando.

Nunca me atreví a contar a nadie este suceso y desde entonces evito aquel lugar salvaje de grandes rocas marinas que castiga el océano implacable de Chile.

[PDC]

Ser

Soy de anteayer como todo rumiante
que mastica el pasado todo el día.
Y qué pasado? Nadie
sino uno mismo, nada
sino un sabor
de asado y vino negro callado
para unos,
para otros de sangre
o de jazmines.

Yo eres el resumen
de lo que viviré, garganta o rosa,
coral gregario o toro,
pulsante ir y venir por las afueras
y por los adentros:
nadie invariable, eterno
solo porque la muchedumbre de los muertos,
de los que vivirán, de los que viven,
tienen atribuciones en ti mismo,
se continúan como un hilo roto
que sigue entrecortándose y siguiendo
de una vida a la otra, sin que nadie
asuma tanta esperma derramada:
polen ardiente, sexo, quemadura,
paternidad de todo lo que canta.

Ay yo no traje un signo
como corona sobre mi cabeza:
fui un pobre ser: soy un orgullo inútil,
un seré victorioso y derrotado.

                                        [GIF]

A plena ola

Es muy serio el viento del mes de marzo en el océano:
sin miedo: es día claro, sol ilustre,
yo con mil otros encima del mar
en la nave italiana que retorna a Nápoli.

Tal vez trajeron todos sus infidelidades,
enfermedades, tristes papeles, deudas, lágrimas,
dineros y derrotas en los números:

pero aquí arriba es difícil jugar con la razón
o complacerse con las desdichas ajenas
o mantenerse heridos por angas o por mangas:
hay tal ventolera que no se puede sufrir:
y como no venimos preparados
aun para ser felices, aun y sin embargo
y subimos puentes y escalas para reflexionar,
el viento nos borró la cabeza, es extraño:
de inmediato sentimos que estábamos mejor:
sin cabeza se puede discutir con el viento.

A todos, melancólicos de mi especialidad,
los que inútilmente cargamos con pesadumbre propia
y ajena, los que pensamos tanto en las pequeñas cosas
hasta que crecen y son más grandes que nosotros,
a todos recomiendo mi claro tratamiento:
la higiene azul del viento en un día de sol,
un golpe de aire furioso y repetido
en el espacio atlántico sobre un barco en el mar,
dejando sí constancia de que la salud física
no es mi tema: es el alma mi cuidado:
quiero que las pequeñas cosas que nos desgarran
sigan siendo pequeñas, impares y solubles
para que cuando nos abandone el viento
veamos frente a frente lo invisible.

                                            [GIF]

El campanario de Authenay

Contra la claridad de la pradera
un campanario negro.

Salta desde la iglesia triangular:
pizarra y simetría.

Mínima iglesia en la suave extensión
como para que rece una paloma.

La pura voluntad de un campanario
contra el cielo de invierno.

La rectitud divina de la flecha
dura como una espada

con el metal de un gallo tempestuoso
volando en la veleta.

(No la nostalgia, es el orgullo
nuestro vestido pasajero

y el follaje que nos cubría
cae a los pies del campanario.

Este orden puro que se eleva
sostiene su sistema gris

en el desnudo poderío
de la estación color de lluvia.

Aquí el hombre estuvo y se fue:
dejó su deber en la altura,

y regresó a los elementos,
al agua de la geografía.

Así pude ser y no pude,
así no aprendí mis deberes:

me quedé donde todo el mundo
mirara mis manos vacías:

las construcciones que no hice:
mi corazón deshabitado:

mientras oscuras herramientas
brazos grises, manos oscuras

levantaban la rectitud
de un campanario y de una flecha.

Ay lo que traje yo a la tierra
lo dispersé sin fundamento,

no levanté sino las nubes
y sólo anduve con el humo

sin saber que de piedra oscura
se levantaba la pureza

en anteriores territorios,
en el invierno indiferente.)

Oh asombro vertical en la pradera
húmeda y extendida:

una delgada dirección de aguja
exacta, sobre el cielo.

Cuántas veces de todo aquel paisaje,
árboles y terrones

en la infinita estrella horizontal
de la terrestre Normandía,

por nieve o lluvia o corazón cansado,
de tanto ir y venir por el mundo,

se quedaron mis ojos amarrados
al campanario de Authenay,

a la estructura de la voluntad
sobre los dominios dispersos

de la tierra que no tiene palabras
y de mi propia vida.

En la interrogación de la pradera
y mis atónitos dolores

una presencia inmóvil rodeada
por la pradera y el silencio:

la flecha de una pobre torre oscura
sosteniendo un gallo en el cielo.

[GIF]

El cobarde

Y ahora, a dolerme el alma y todo el cuerpo,
a gritar, a esconderme en el pozo
de la infancia, con miedo y ventarrón:
hoy nos trajo el sol joven del invierno
una gota de sangre, un signo amargo
y ya se acabó todo: no hay remedio,
no hay mundo, ni bandera prometida:
basta una herida para derribarte:

con una sola letra
te mata el alfabeto de la muerte,
un solo pétalo del gran dolor humano
cae en tu orina y crees
que el mundo se desangra.

Así, con sol frío de Francia, en mes de marzo,
a fines del invierno dibujado
por negros árboles de la Normandía
con el cielo entreabierto ya al destello
de dulces días, flores venideras,
yo encogido, sin calles ni vitrinas,
callada mi campana de cristal,
con mi pequeña espina lastimosa
voy sin vivir, ya mineralizado,
inmóvil esperando la agonía,
mientras florece el territorio azul
predestinado de la primavera.

Mi verdad o mi fábula revelan
que es más tenaz que el hombre
el ejercicio de la cobardía.

                                              [GIF]

El sobreviviente saluda a los pájaros

Fundé con pájaros y gritos de sol la morada:
temprano a la hora del manantial, salí al frío
a ver los materiales del crecimiento: olores
de lodo y sombra, medallas que la noche dejó
sobre los temblorosos follajes y la hierba.

Salí vestido de agua, me extendí como un río
hacia el horizonte que los más antiguos geógrafos
tomaron como final del presupuesto terrestre:
yo fui entre las raíces, bañando con palabras
las piedras, resonando como un metal del mar.

Hablé con el escarabajo y aprendí
su idioma tricolor, de la tortuga
examiné paciencia convexa y albedrío, encontré
un animal recién invitado al silencio:
era un vertebrado que venía de entonces,
de la profundidad, del tiempo sumergido.

Tuve que reunir los pájaros, cercar
territorios a fuerza de plumajes, de voces
hasta que pude establecerme en la tierra.

Si bien mi profesión de campana
se probó a la intemperie, desde mi nacimiento
esta experiencia fue decisiva en mi vida:
dejé la tierra inmóvil: me repartí en fragmentos
que entraban y salían de otras vidas,
formé parte del pan y la madera,
del agua subterránea, del fuego mineral:
tanto aprendí que puse mi morada
a la disposición de cuanto crece:
no hay edificación como la mía en la selva,
no hay territorio con tantas ventanas,
no hay torre como la que tuve bajo la tierra.

Por eso, si me encuentras ignominiosamente
vestido como todos los demás, en la calle,
si me llamas desde una mesa en un café
y observas que soy torpe, que no te reconozco,
no pienses, no, que soy tu mortal enemigo:

respeta mi remota soberanía, déjame
titubeante, inseguro, salir de las regiones
perdidas, de la tierra que me enseñó a llover,
déjame sacudir el carbón, las arañas,
el silencio: y verás que soy tu hermano.

[*GIF*]

Los hombres

Somos torpes los transeúntes, nos atropellamos de codos,
de pies, de pantalones, de maletas,
bajamos del tren, del jet, de la nave, bajamos
con arrugados trajes y sombreros funestos.
Somos culpables, somos pecadores,
llegamos de hoteles estancados o de la paz industrial,
ésta es tal vez la última camisa limpia,
perdimos la corbata,
pero aun así, desquiciados, solemnes,
hijos de puta considerados en los mejores ambientes,
o simples taciturnos que no debemos nada a nadie,
somos los mismos y lo mismo frente al tiempo,
frente a la soledad: los pobres hombres
que se ganaron la vida y la muerte trabajando
de manera normal o burotrágica,
sentados o hacinados en las estaciones del Metro,
en los barcos, las minas, los centros de estudio, las cárceles,
las universidades, las fábricas de cerveza
(debajo de la ropa la misma piel sedienta),
(el pelo, el mismo pelo, repartido en colores).

[*ROS*, IV]

Los hombres

A nosotros nos enseñaron a respetar la iglesia,
a no toser, a no escupir en el atrio,
a no lavar la ropa en el altar
y no es así: la vida rompe las religiones
y es esta isla en que habitó el Dios Viento
la única iglesia viva y verdadera:
van y vienen las vidas, muriendo y fornicando:
aquí en la Isla de Pascua donde todo es altar,
donde todo es taller de lo desconocido,
la mujer amamanta su nueva criatura
sobre las mismas gradas que pisaron sus dioses.

Aquí, a vivir! Pero también nosotros?
Nosotros, los transeúntes, los equivocados de estrella,
naufragaríamos en la isla como en una laguna,
en un lago en que todas las distancias concluyen,
en la aventura inmóvil más difícil del hombre.

[*ROS*, IX]

Los hombres

Volvemos apresurados a esperar nombramientos,
exasperantes publicaciones, discusiones amargas,
fermentos, guerras, enfermedades, música
que nos ataca y nos golpea sin tregua,
entramos a nuestros batallones de nuevo,
aunque todos se unían para declararnos muertos:
aquí estamos otra vez con nuestra falsa sonrisa,

dijimos, exasperados ante el posible olvido,
mientras allá en la isla sin palmeras,
allá donde se recortan las narices de piedra
como triángulos trazados a pleno cielo y sal,
allí, en el minúsculo ombligo de los mares,
dejamos olvidada la última pureza,
el espacio, el asombro de aquellas compañías
que levantan su piedra desnuda, su verdad,
sin que nadie se atreva a amarlas, a convivir con ellas,
y ésa es mi cobardía, aquí doy testimonio:
no me sentí capaz sino de transitorios
edificios, y en esta capital sin paredes
hecha de luz, de sal, de piedra y pensamiento,
como todos miré y abandoné asustado
la limpia claridad de la mitología,
las estatuas rodeadas por el silencio azul.

[*ROS*, XIX]

Integraciones

Después de todo te amaré
como si fuera siempre antes
como si de tanto esperar
sin que te viera ni llegaras
estuvieras eternamente
respirando cerca de mí.

Cerca de mí con tus costumbres
con tu color y tu guitarra
como están juntos los países

en las lecciones escolares
y dos comarcas se confunden
y hay un río cerca de un río
y dos volcanes crecen juntos.

Cerca de ti es cerca de mí
y lejos de todo es tu ausencia
y es color de arcilla la luna
en la noche del terremoto
cuando en el terror de la tierra
se juntan todas las raíces
y se oye sonar el silencio
con la música del espanto.
El miedo es también un camino.
Y entre sus piedras pavorosas
puede marchar con cuatro pies
y cuatro labios, la ternura.

Porque sin salir del presente
que es un anillo delicado
tocamos la arena de ayer
y en el mar enseña el amor
un arrebato repetido.

                                        [CAM]

Enigma para intranquilos

Por los días del año que vendrá
encontraré una hora diferente:
una hora de pelo catarata,
una hora ya nunca transcurrida:
como si el tiempo se rompiera allí

y abriera una ventana: un agujero
por donde deslizarnos hacia el fondo.

Bueno, aquel día con la hora aquella
llegará y dejará todo cambiado:
no se sabrá ya más si ayer se fue
o lo que vuelve es lo que no pasó.

Cuando de aquel reloj caiga una hora
al suelo, sin que nadie la recoja,
y al fin tengamos amarrado el tiempo,
ay! sabremos por fin dónde comienzan
o dónde se terminan los destinos,
porque en el trozo muerto o apagado
veremos la materia de las horas
como se ve la pata de un insecto.

Y dispondremos de un poder satánico:
volver atrás o acelerar las horas:
llegar al nacimiento o a la muerte
con un motor robado al infinito.

                                        [*CAM*]

Mañana con aire

Del aire libre prisionero
va un hombre a media mañana
como un globo de cristal.
Qué puede saber y conocer
si está encerrado como un pez
entre el espacio y el silencio,
si los follajes inocentes
le esconden las moscas del mal?

Es mi deber de sacerdote,
de geógrafo arrepentido,
de naturalista engañado,
abrir los ojos del viajero:

Me paro en medio del camino
y detengo su bicicleta:

Olvidas, le digo, villano,
ignorante lleno de oxígeno,
el tugurio de las desdichas
y los rincones humillados?

Ignoras que allí con puñal,
acá con garrote y pedrada,
más allá con revólver negro
y en Chicago con tenedor
se asesinan las alimañas,
se despedazan las palomas
y se degüellan las sandías?

Arrepiéntete del oxígeno,
dije al viajero sorprendido,
no hay derecho a entregar la vida
a la exclusiva transparencia.

Hay que entrar en la casa oscura,
en el callejón de la muerte,
tocar la sangre y el terror,
compartir el mal espantoso.

El transeúnte me clavó
sus dos ojos incomprensivos
y se alejó en la luz del sol
sin responder ni comprender.

Y me dejó —triste de mí—
hablando solo en el camino.

[CAM]

Gautama Cristo

Los nombres de Dios y en particular de su representante
llamado Jesús o Cristo, según textos y bocas,
han sido usados, gastados y dejados
a la orilla del río de las vidas
como las conchas vacías de un molusco.
Sin embargo, al tocar estos nombres sagrados
y desangrados, pétalos heridos,
saldos de los océanos del amor y del miedo,
algo aún permanece: un labio de ágata,
una huella irisada que aún tiembla en la luz.

Mientras se usaban los nombres de Dios
por los mejores y por los peores, por los limpios y por
          los sucios,
por los blancos y los negros, por ensangrentados asesinos
y por las víctimas doradas que ardieron en napalm,
mientras Nixon con las manos
de Caín bendecía a sus condenados a muerte,
mientras menos y menores huellas divinas se hallaron en la
          playa,
los hombres comenzaron a estudiar los colores,
el porvenir de la miel, el signo del uranio,
buscaron con desconfianza y esperanza las posibilidades
de matarse y de no matarse, de organizarse en hileras,
de ir más allá, de ilimitarse sin reposo.

Los que cruzamos estas edades con gusto a sangre,
a humo de escombros, a ceniza muerta,
y no fuimos capaces de perder la mirada,
a menudo nos detuvimos en los nombres de Dios,
los levantamos con ternura porque nos recordaban
a los antecesores, a los primeros, a los que interrogaron,
a los que encontraron el himno que los unió en la desdicha
y ahora viendo los fragmentos vacíos donde habitó aquel
        hombre
sentimos estas suaves sustancias
gastadas, malgastadas por la bondad y por la maldad.

[*JDI*]

Llama el océano

No voy al mar en este ancho verano
cubierto de calor, no voy más lejos
de los muros, las puertas y las grietas
que circundan las vidas y mi vida.

En qué distancia, frente a cuál ventana,
en qué estación de trenes
dejé olvidado el mar y allí quedamos,
yo dando las espaldas a lo que amo
mientras allá seguía la batalla
de blanco y verde y piedra y centelleo.

Así fue, así parece que así fue:
cambian las vidas, y el que va muriendo
no sabe que esa parte de la vida,
esa nota mayor, esa abundancia
de cólera y fulgor quedaron lejos,
te fueron ciegamente cercenadas.

No, yo me niego al mar desconocido,
muerto, rodeado de ciudades tristes,
mar cuyas olas no saben matar,
ni cargarse de sal y de sonido.
Yo quiero el mío mar, la artillería
del océano golpeando las orillas,
aquel derrumbe insigne de turquesas,
la espuma donde muere el poderío.

No salgo al mar este verano: estoy
encerrado, enterrado, y a lo largo
del túnel que me lleva prisionero
oigo remotamente un trueno verde,
un cataclismo de botellas rotas,
un susurro de sal y de agonía.

Es el libertador. Es el océano,
lejos, allá, en mi patria, que me espera.

[*JDI*]

Jardín de invierno

Llega el invierno. Espléndido dictado
me dan las lentas hojas
vestidas de silencio y amarillo.

Soy un libro de nieve,
una espaciosa mano, una pradera,
un círculo que espera,
pertenezco a la tierra y a su invierno.

Creció el rumor del mundo en el follaje,
ardió después el trigo constelado

por flores rojas como quemaduras,
luego llegó el otoño a establecer
la escritura del vino:
todo pasó, fue cielo pasajero
la copa del estío,
y se apagó la nube navegante.

Yo esperé en el balcón tan enlutado,
como ayer con las yedras de mi infancia,
que la tierra extendiera
sus alas en mi amor deshabitado.

Yo supe que la rosa caería
y el hueso del durazno transitorio
volvería a dormir y a germinar:
y me embriagué con la copa del aire
hasta que todo el mar se hizo nocturno
y el arrebol se convirtió en ceniza.

La tierra vive ahora
tranquilizando su interrogatorio,
extendida la piel de su silencio.

Yo vuelvo a ser ahora
el taciturno que llegó de lejos
envuelto en lluvia fría y en campanas:
debo a la muerte pura de la tierra
la voluntad de mis germinaciones.

[JDI]

Los perdidos del bosque

Yo soy uno de aquellos que no alcanzó a llegar al bosque,
de los retrocedidos por el invierno en la tierra,

atajados por escarabajos de irisación y picadura
o por tremendos ríos que se oponían al destino.
Este es el bosque, el follaje es cómodo, son altísimos
	muebles
los árboles, ensimismadas cítaras las hojas,
se borraron senderos, cercados, patrimonios,
el aire es patriarcal y tiene olor a tristeza.

Todo es ceremonioso en el jardín salvaje
de la infancia: hay manzanas cerca del agua
que llega de la nieve negra escondida en los Andes:
manzanas cuyo áspero rubor no conoce los dientes
del hombre, sino el picoteo de pájaros voraces,
manzanas que inventaron la simetría silvestre
y que caminan con lentísimo paso hacia el azúcar.

Todo es nuevo y antiguo en el esplendor circundante,
los que hasta aquí vinieron son los menoscabados,
y los que se quedaron atrás en la distancia
son los náufragos que pueden o no sobrevivir:
sólo entonces conocerán las leyes del bosque.

							[JDI]

El tiempo

De muchos días se hace el día, una hora
tiene minutos atrasados que llegaron y el día
se forma con extravagantes olvidos, con metales,
cristales, ropa que siguió en los rincones,
predicciones, mensajes que no llegaron nunca.

El día es un estanque en el bosque futuro,
esperando, poblándose de hojas, de advertencias,

de sonidos opacos que entraron en el agua
como piedras celestes.
                              A la orilla
quedan las huellas doradas del zorro vespertino
que como un pequeño rey rápido quiere la guerra:
el día acumula en su luz briznas, murmullos:
todo surge de pronto como una vestidura
que es nuestra, es el fulgor acumulado
que aguardaba y que muere por orden de la noche
volcándose en la sombra.

                                          [*JDI*]

Animal de luz

Soy en este sin fin sin soledad
un animal de luz acorralado
por sus errores y por su follaje:
ancha es la selva: aquí mis semejantes
pululan, retroceden o trafican,
mientras yo me retiro acompañado
por la escolta que el tiempo determina:
olas del mar, estrellas de la noche.

Es poco, es ancho, es escaso y es todo.
De tanto ver mis ojos otros ojos
y mi boca de tanto ser besada,
de haber tragado el humo
de aquellos trenes desaparecidos:
las viejas estaciones despiadadas
y el polvo de incesantes librerías,
el hombre yo, el mortal, se fatigó
de ojos, de besos, de humo, de caminos,
de libros más espesos que la tierra.

Y hoy en el fondo del bosque perdido
oye el rumor del enemigo y huye
no de los otros sino de sí mismo,
de la conversación interminable,
del coro que cantaba con nosotros
y del significado de la vida.

Porque una vez, porque una voz, porque una
sílaba o el transcurso de un silencio
o el sonido insepulto de la ola
me dejan frente a frente a la verdad,
y no hay nada más que descifrar,
ni nada más que hablar: eso era todo:
se cerraron las puertas de la selva,
circula el sol abriendo los follajes,
sube la luna como fruta blanca
y el hombre se acomoda a su destino.

[*JDI*]

Los *triángulos*

Tres triángulos de pájaros cruzaron
sobre el enorme océano extendido
en el invierno como una bestia verde.
Todo yace, el silencio,
el desarrollo gris, la luz pesada
del espacio, la tierra intermitente.

Por encima de todo fue pasando
un vuelo
y otro vuelo
de aves oscuras, cuerpos invernales,

triángulos temblorosos
cuyas alas
agitándose apenas
llevan de un sitio a otro
de las costas de Chile
el frío gris, los desolados días.

Yo estoy aquí mientras de cielo en cielo
el temblor de las aves migratorias
me deja hundido en mí y en mi materia
como en un pozo de perpetuidad
cavado por una espiral inmóvil.

Ya desaparecieron:
plumas negras del mar,
pájaros férreos
de acantilados y de roqueríos,
ahora, a medio día
frente al vacío estoy: es el espacio
del invierno extendido
y el mar se ha puesto
sobre el rostro azul
una máscara amarga.

[JDI]

La estrella

Bueno, ya no volví, ya no padezco
de no volver, se decidió la arena
y como parte de ola y de pasaje,
sílaba de la sal, piojo del agua,

yo, soberano, esclavo de la costa
me sometí, me encadené a mi roca.

No hay albedrío para los que somos
fragmento del asombro,
no hay salida para este volver
a uno mismo, a la piedra de uno mismo,
ya no hay más estrella que el mar.

[*JDI*]

[*Lo sé, lo sé*]

Lo sé, lo sé, con muertos no se hicieron
muros, ni máquinas, ni panaderías:
tal vez así es, sin duda, pero
mi alma no se alimenta de edificios,
no recibo salud de las usinas,
ni tampoco tristeza.
Mi quebranto es de aquellos
que me anduvieron, que me dieron sol,
que me comunicaron existencias,
y ahora qué hago con el heroísmo
de los soldados y los ingenieros?
Dónde está la sonrisa
o la pintura comunicativa,
o la palabra enseñante,
o la risa, la risa,
la clara carcajada
de aquellos que perdí por esas calles,
por estos tiempos, por estas regiones
en donde me detuve y continuaron
ellos, hasta terminar sus viajes?

[*ELG, XV*]

[*Aire de Europa*]

Aire de Europa y aire de Asia
se encuentran, se rechazan,
se casan, se confunden
en la ciudad del límite:
llega el polvo carbónico de Silesia,
la fragancia vinícola de Francia,
olor a Italia con cebollas fritas,
humo, sangre, claveles españoles,
todo lo trae el aire, la ventisca
de tundra y taiga bailan en la estepa,
el aire siberiano, fuerza pura,
viento de astro silvestre,
el ancho viento que hasta los Urales
con manos verdes como malaquita
plancha los caseríos, las praderas,
guarda en su centro un corazón de lluvia,
se desploma en arcángeles de nieve.

[*ELG, XXV*]

[*Oh línea de dos mundos*]

Oh línea de dos mundos que palpitan
desgarradoramente, ostentatorios
de lo mejor y de lo venenoso,
línea
de muerte y nacimiento, de Afrodita
fragante a jazmineros entreabiertos
prolongando su esencial divinidad

y el trigo justiciero de este lado,
la cosecha de todos, la certeza
de haber cumplido con el sueño humano:
oh ciudad lineal que como un hacha
nos rompe el alma en dos mitades tristes,
insatisfechas ambas, esperando
la cicatrización de los dolores,
la paz, el tiempo del amor completo.

[*ELG, XXVI*]

[*Porque yo, clásico de mi araucanía*]

Porque yo, clásico de mi araucanía,
castellano de sílabas, testigo
del Greco y su familia lacerada,
yo, hijo de Apollinaire o de Petrarca,
y también yo, pájaro de San Başilio,
viviendo entre las cúpulas burlescas,
elaborados rábanos, cebollas
del huerto bizantino, apariciones
de los iconos en su geometría,
yo que soy tú me abrazo a las herencias
y a las adquisiciones celestiales;
yo y tú, los que vivimos en el límite
del mundo antiguo y de los nuevos mundos
participamos con melancolía
en la fusión de los vientos contrarios,
en la unidad del tiempo que camina.

La vida es el espacio en movimiento.

[*ELG, XXVII*]

Las espigas

El sin cesar ha terminado en flores,
en largo tiempo que extiende su camino
en cinta, en la novedad del aire,
y si por fin hallamos bajo el polvo
el mecanismo del próximo futuro
simplemente reconozcamos la alegría
así como se presenta! Como una espiga más,
de tal manera que el olvido contribuya
a la claridad verdadera que sin duda no existe.

[DML]

La tierra

Amarillo, amarillo sigue siendo
el perro que detrás del otoño circula
haciendo entre las hojas circunferencias de oro,
ladrando hacia los días desconocidos.
Así veréis lo imprevisto de ciertas situaciones:
junto al explorador de las terribles fronteras
que abren el infinito, he aquí el predilecto,
el animal perdido del otoño.
Qué puede cambiar de tierra a tiempo, de sabor a
                estribor,
de luz velocidad a circunstancia terrestre?
Quién adivinará la semilla en la sombra
si como cabelleras las mismas arboledas
dejan caer rocío sobre las mismas herraduras,
sobre las cabezas que reúne el amor,
sobre las cenizas de corazones muertos?

Este mismo planeta, la alfombra de mil años,
puede florecer pero no acepta la muerte ni el reposo:
las cíclicas cerraduras de la fertilidad
se abren en cada primavera para las llaves del sol
y resuenan los frutos haciéndose cascada,
sube y baja el fulgor de la tierra a la boca
y el humano agradece la bondad de su reino.

Alabada sea la vieja tierra color de excremento,
sus cavidades, sus ovarios sacrosantos,
las bodegas de la sabiduría que encerraron
cobre, petróleo, imanes, ferreterías, pureza,
el relámpago que parecía bajar desde el infierno
fue atesorado por la antigua madre de las raíces
y cada día salió el pan a saludarnos
sin importarle la sangre y la muerte que vestimos los
          hombres,
la maldita progenie que hace la luz del mundo.

                                              [DML]

Los invitados

Y nosotros los muertos, los escalonados en el tiempo,
sembrados en cementerios utilitarios y arrogantes
o caídos en hueseras de pobres bolivianos,
nosotros, los muertos de 1925, 26,
33, 1940, 1918, mil novecientos cinco,
mil novecientos mil, en fin, nosotros,
los fallecidos antes de esta estúpida cifra
en que ya no vivimos, qué pasa con nosotros?

Yo, Pedro Páramo, Pedro Semilla, Pedro Nadie,
es que no tuve derecho a cuatro números y a la
            resurrección?
Yo quiero ver a los resurrectos para escupirles la cara,
a los adelantados que eestán a punto de caer
en aviones, ferrocarriles, en las guerras del odio,
los que apenas tuvieron tiempo de nacer y presentar
armas al nuevo siglo y quedarán tronchados,
pudriéndose en la mitad de los festejos y del vino!
Quiero salir de mi tumba, yo muerto, por qué no?

Por qué los prematuros van a ser olvidados?
Todos son invitados al convite!

Es un año más, es un siglo más, con muertos y vivos,
y hay que cuidar el protocolo, poner no sólo la vida,
sino las flores secas, las coronas podridas, el silencio,
porque el silencio tiene derecho a la hermosura
y nosotros, diputados de la muerte,
queremos existir un solo minuto florido
cuando se abran las puertas del honor venidero!

                                                    [DML]

Los hombres

Yo soy Ramón González Barbagelata, de cualquier
            parte,
de Cucuy, de Paraná, de Río Turbio, de Oruro,
de Maracaibo, de Parral, de Ovalle, de Loncomilla,
tanto da, soy el pobre diablo del pobre Tercer Mundo,
el pasajero de tercera instalado, Jesús!,

en la lujosa blancura de las cordilleras nevadas,
disimulado entre las orquídeas de fina idiosincrasia.

He llegado a este mentado año 2000, y qué saco,
con qué me rasco, qué tengo yo que ver
con los tres ceros que se ostentan gloriosos
sobre mi propio cero, sobre mi inexistencia?
Ay de aquel corazón que esperó su bandera
o del hombre enramado por el amor más tierno,
hoy no queda sino mi vago esqueleto,
mis ojos desquiciados frente al tiempo inicial.
Tiempo inicial: son estos barracones perdidos,
estas pobres escuelas, éstos aún harapos,
esta inseguridad terrosa de mis pobres familias,
esto es el día, el siglo inicial, la puerta de oro?

Yo, por lo menos, sin hablar de más, vamos, callado
como fui en la oficina, remendado y absorto,
proclamo lo superfluo de la inauguración:
aquí llegué con todo lo que anduvo conmigo,
la mala suerte y los peores empleos,
la miseria esperando siempre de par en par,
la movilización de la gente hacinada
y la geografía numerosa del hambre.

                                             [*DML*]

Celebración

Pongámonos los zapatos, la camisa listada,
el traje azul aunque ya brillen los codos,
pongámonos los fuegos de bengala y artificio,
pongámonos vino y cerveza entre el cuello y los pies,

porque debidamente debemos celebrar
este número inmenso que costó tanto tiempo,
tantos años y días en paquetes,
tantas horas, tantos millones de minutos,
vamos a celebrar esta inauguración.

Desembotellemos todas las alegrías resguardadas
y busquemos alguna novia perdida
que acepte una festiva dentellada.
Hoy es. Hoy ha llegado. Pisamos el tapiz
del interrogativo milenio. El corazón, la almendra
de la época creciente, la uva definitiva
irá depositándose en nosotros,
y será la verdad tan esperada.

Mientras tanto una hoja del follaje
acrecienta el comienzo de la edad:
rama por rama se cruzará el ramaje,
hoja por hoja subirán los días
y fruto a fruto llegará la paz:
el árbol de la dicha se prepara
desde la encarnizada raíz que sobrevive
buscando el agua, la verdad, la vida.

Hoy es hoy. Ha llegado este mañana
preparado por mucha oscuridad:
no sabemos si es claro todavía
este mundo recién inaugurado:
lo aclararemos, lo oscureceremos
hasta que sea dorado y quemado
como los granos duros del maíz:
a cada uno, a los recién nacidos,
a los sobrevivientes, a los ciegos,
a los mudos, a mancos y cojos,
para que vean y para que hablen,

para que sobrevivan y recorran,
para que agarren la futura fruta
del reino actual que dejamos abierto
tanto al explorador como a la reina,
tanto al interrogante cosmonauta
como al agricultor tradicional,
a las abejas que llegan ahora
para participar en la colmena
y sobre todo, a los pueblos recientes,
a los pueblos crecientes desde ahora
con las nuevas banderas que nacieron
en cada gota de sangre o sudor.

Hoy es hoy y ayer se fue, no hay duda.

Hoy es también mañana, y yo me fui
con algún año frío que se fue,
se fue conmigo y me llevó aquel año.

De esto no cabe duda. Mi osamenta
consistió, a veces, en palabras duras
como huesos al aire y a la lluvia,
y pude celebrar lo que sucede
dejando en vez de canto o testimonio
un porfiado esqueleto de palabras.

                                              [*DML*]

Triste canción
para aburrir a cualquiera

Toda la noche me pasé la vida
sacando cuentas,
pero no de vacas,
pero no de libras,
pero no de francos,

pero no de dólares,
no, nada de eso.

Toda la vida me pasé la noche
sacando cuentas,
pero no de coches,
pero no de gatos,
pero no de amores,
no.

Toda la vida me pasé la luz
sacando cuentas,
pero no de libros,
pero no de perros,
pero no de cifras,
no.

Toda la luna me pasé la noche
sacando cuentas,
pero no de besos,
pero no de novias,
pero no de camas,
no.

Toda la noche me pasé las olas
sacando cuentas,
pero no de botellas,
pero no de dientes,
pero no de copas,
no.

Toda la guerra me pasé la paz
sacando cuentas,
pero no de muertos,
pero no de flores,
no.

Toda la lluvia me pasé la tierra
haciendo cuentas,
pero no de caminos,
pero no de canciones,
no.

Toda la tierra me pasé la sombra
sacando cuentas,
pero no de cabellos,
no de arrugas,
no de cosas perdidas,
no.

Toda la muerte me pasé la vida
sacando cuentas:
pero de qué se trata
no me acuerdo,
no.

Toda la vida me pasé la muerte
sacando cuentas
y si salí perdiendo
o si salí ganando
yo no lo sé, la tierra
no lo sabe.

Etcétera.

                                                    [DFS]

El incompetente

Nací tan malo para competir
que Pedro y Juan se lo llevaban todo:

las pelotas,
las chicas,
las aspirinas y los cigarrillos.

Es difícil la infancia para un tonto
y como yo fui
siempre más tonto que los otros tontos
mi birlaron los lápices, las gomas
y los primeros besos de Temuco.

Ay, aquellas muchachas!
Nunca vi unas princesas como ellas,
eran todas azules o enlutadas,
claras como cebollas, como el nácar,
manos de precisión, narices puras,
ojos insoportables de caballo,
pies como peces o como azucenas.

Lo cierto es que yo anduve
esmirriado y cubriendo con orgullo
mi condición de enamorado idiota,
sin atreverme a mirar una pierna
ni aquel pelo detrás de la cabeza
que caía como una catarata
de aguas oscuras sobre mis deseos.

Después, señores, me pasó lo mismo
por todos los caminos donde anduve,
de un codazo o con dos ojos fríos
me eliminaban de la competencia,
no me dejaban ir al comedor,
todos se iban de largo con sus rubias.

Y yo no sirvo para rebelarme.

Esto de andar luciendo
méritos o medallas escondidas,
nobles acciones, títulos secretos,
no va con mi pasmada idiosincrasia:
yo me hundo en mi agujero
y de cada empujón que me propinan
retrocediendo en la zoología
me fui como los topos, tierra abajo,
buscando un subterráneo confortable
donde no me visiten ni las moscas.

Esa es mi triste historia
aunque posiblemente menos triste
que la suya, señor,
ya que también posiblemente pienso
pienso que usted es aun más tonto todavía.

[*DFS*]

Parodia del guerrero

Y qué hacen allá abajo?
Parece que andan todos ocupados,
hirviendo en sus negocios.

Allá abajo, allá abajo
allá lejos,
andan tal vez estrepitosamente
de aquí no se ve mucho,
no les veo las bocas,
no les veo
detalles, sonrisas
o zapatos derrotados.

Pero, por qué no vienen?
Dónde van a meterse?

Aquí estoy, aquí estoy,
soy el campeón mental de ski, de box,
de carrera pesada,
de alas negras,
soy el verdugo,
soy el sacerdote,
soy el más general de las batallas,
no me dejen,
no, por ningún motivo,
no se vayan,
aquí tengo un reloj,
tengo una bala,
tengo un proyecto de guerrilla bancaria,
soy capaz de todo,
soy padre de todos ustedes,
hijos malditos:
qué pasa,
me olvidaron?

Desde aquí arriba los veo:
qué torpes son sin mis pies,
sin mis consejos,
qué mal se mueven en el pavimento,
no saben nada del sol,
no conocen la pólvora,
tienen que aprender a ser niños,
a comer, a invadir,
a subir las montañas,
a organizar los cuadernos,
a matarse las pulgas,
a descifrar el territorio,
a descubrir las islas.

Ha terminado todo.

Se han ido por sus calles a sus guerras,
a sus indiferencias, a sus camas.
Yo me quedé pegado
entre los dientes de la soledad
como un pedazo de carne mascada
como el hueso anterior
de una bestia extinguida.

No hay derecho! Reclamo
mi dirección zonal, mis oficinas,
el rango que alcancé en el regimiento,
en la cancha de los peloteros,
y no me resigno a la sombra.

Tengo sed, apetito de la luz,
y sólo trago sombra.

                                        [*DFS*]

Otro castillo

No soy, no soy el ígneo,
estoy hecho de ropa, reumatismo,
papeles rotos, citas olvidadas,
pobres signos rupestres
en lo que fueron piedras orgullosas.

En qué quedó el castillo de la lluvia,
la adolescencia con sus tristes sueños
y aquel propósito entreabierto
de ave extendida, de águila en el cielo,
de fuego heráldico?

No soy, no soy el rayo
de fuego azul, clavado como lanza
en cualquier corazón sin amargura.

La vida no es la punta de un cuchillo,
no es un golpe de estrella,
sino un gastarse adentro de un vestuario,
un zapato mil veces repetido,
una medalla que se va oxidando
adentro de una caja oscura, oscura.

No pido nueva rosa ni dolores,
ni indiferencia es lo que me consume,
sino que cada signo se escribió,
la sal y el viento borran la escritura
y el alma ahora es un tambor callado
a la orilla de un río, de aquel río
que estaba allí y allí seguirá siendo.

                                                    [*DFS*]

[*Yo me llamaba Reyes*]

Yo me llamaba Reyes, Catrileo,
Arellano, Rodríguez, he olvidado
mis nombres verdaderos.
Nací con apellido
de robles viejos, de árboles recientes,
de madera silbante.
Yo fui depositado
en la hojarasca:
se hundió el recién nacido
en la derrota y en el nacimiento

de selvas que caían
y casas pobres que recién lloraban.
Yo no nací sino que me fundaron:
me pusieron todos los nombres a la vez,
todos los apellidos:
me llamé matorral, luego ciruelo,
alerce y luego trigo,
por eso soy tanto y tan poco,
tan multitud y tan desamparado,
porque vengo de abajo,
de la tierra.

[MYC]

[*Conocí al mexicano Tihuatín*]

Conocí al mexicano Tihuatín
hace ya algunos siglos, en Jalapa,
y luego de encontrarlo cada vez
en Colombia, en Iquique, en Arequipa,
comencé a sospechar de su existencia.
Extraño su sombrero
me había parecido cuando
el hombre aquel, alfarero de oficio,
vivía de la arcilla mexicana
y luego fue arquitecto, mayordomo
de una ferretería en Venezuela,
minero y alguacil en Guatemala.
Yo pensé cómo, con la misma edad,
sólo trescientos años,
yo, con el mismo oficio, ensimismado
en mi campanería,
con golpear siempre piedras o metales

para que alguien oiga mis campanas
y conozca mi voz, mi única voz,
este hombre, desde muertos años
por ríos que no existen,
cambiaba de ejercicio?

Entonces comprendí que él era yo,
que éramos un sobreviviente más
entre otros de por acá o aquí,
otros de iguales linajes enterrados
con las manos sucias de arena,
naciendo siempre y en cualquiera parte
dispuestos a un trabajo interminable.

[*MYC*]

[*Hace tiempo*]

Hace tiempo, en un viaje
descubrí un río:
era apenas un niño, un perro, un pájaro,
aquel río naciente.
Susurraba y gemía
entre las piedras
de la ferruginosa cordillera:
imploraba existencia
entre la soledad de cielo y nieve,
allá lejos, arriba.
Yo me sentí cansado
como un caballo viejo
junto a la criatura natural
que comenzaba a correr,
a saltar y crecer,

a cantar con voz clara,
a conocer la tierra,
las piedras, el transcurso,
a caminar noche y día,
a convertirse en trueno,
hasta llegar a ser vertiginoso,
hasta llegar a la tranquilidad,
hasta ser ancho y regalar el agua,
hasta ser patriarcal y navegado,
este pequeño río,
pequeño y torpe como un pez metálico
aquí dejando escamas al pasar,
gotas de plata agredida,
un río
que lloraba al nacer,
que iba creciendo
ante mis ojos.
Allí en las cordilleras de mi patria
alguna vez y hace tiempo
yo vi, toqué y oí
lo que nacía:
un latido, un sonido entre las piedras
era lo que nacía.

[*MYC*]

[*Un animal pequeño*]

Un animal pequeño,
cerdo, pájaro o perro
desvalido,
hirsuto entre plumas o pelo,
oí toda la noche,
afiebrado, gimiendo.

Era una noche extensa
y en Isla Negra, el mar,
todos sus truenos, su ferretería,
sus toneles de sal, sus vidrios rotos
contra la roca inmóvil, sacudía.

El silencio era abierto y agresivo
después de cada golpe o catarata:

Mi sueño se cosía
como hilando la noche interrumpida
y entonces el pequeño ser peludo,
oso pequeño o niño enfermo,
sufría asfixia o fiebre,
pequeña hoguera de dolor, gemido
contra la noche inmensa del océano,
contra la torre negra del silencio,
un animal herido,
pequeñito,
apenas susurrante
bajo el vacío de la noche,
solo.

[*MYC*]

[*Esta campana rota*]

Esta campana rota
quiere sin embargo cantar:
el metal ahora es verde,
color de selva tiene la campana,
color de agua de estanques en el bosque,
color del día en las hojas.

El bronce roto y verde,
la campana de bruces
y dormida
fue enredada por las enredaderas,
y del color oro duro del bronce
pasó a color de rana:
fueron las manos del agua,
la humedad de la costa,
que dio verdura al metal,
ternura a la campana.

Esta campana rota
arrastrada en el brusco matorral
de mi jardín salvaje,
campana verde, herida,
hunde sus cicatrices en la hierba:
no llama a nadie más, no se congrega
junto a su copa verde
más que una mariposa que palpita
sobre el metal caído y vuela huyendo
con alas amarillas.

                                        [*MYC*]

[*El puerto puerto*]

El puerto puerto de Valparaíso
mal vestido de tierra
me ha contado: no sabe navegar:
soporta la embestida,
vendaval, terremoto,
ola marina,
todas las fuerzas le pegan
en sus narices rotas.

Valparaíso, perro pobre
ladrando por los cerros,
le pegan los pies
de la tierra
y las manos del mar.
Puerto puerto que no puede salir
a su destino abierto en la distancia
y aúlla
solo
como un tren de invierno
hacia la soledad,
hacia el mar implacable.

[*MYC*]

[*Si cada día cae*]

Si cada día cae
dentro de cada noche
hay un pozo
donde la claridad está encerrada.

Hay que sentarse a la orilla
del pozo de la sombra
y pescar luz caída
con paciencia.

Todos

Yo tal vez yo no seré, tal vez no pude,
no fui, no vi, no estoy:

qué es esto? Y en qué Junio, en qué madera
crecí hasta ahora, continué naciendo?

No crecí, no crecí, seguí muriendo?

Yo repetí en las puertas
el sonido del mar,
de las campanas:
Yo pregunté por mí, con embeleso
(con ansiedad más tarde),
con cascabel, con agua,
con dulzura:
siempre llegaba tarde.
Ya estaba lejos mi anterioridad,
ya no me respondía yo a mí mismo,
me había ido muchas veces yo.

Y fui a la próxima casa,
a la próxima mujer,
a todas partes
a preguntar por mí, por ti, por todos:
y donde yo no estaba ya no estaban,
todo estaba vacío
porque sencillamente no era hoy,
era mañana.

Por qué buscar en vano
en cada puerta en que no existiremos
porque no hemos llegado todavía?

Así fue como supe
que yo era exactamente como tú
y como todo el mundo.

[MYC]

Las estrellas

De allí, de allí, señaló el campanero:
y hacia ese lado vio la muchedumbre
lo de siempre, el nocturno azul de Chile,
una palpitación de estrellas pálidas.

Vinieron más, los que no habían visto
nunca, hasta ahora lo que sostenía
el cielo cada día y cada noche,
y otros más, otros más, más sorprendidos,
y todos preguntaban, dónde, adónde?

Y el campanero, con grave paciencia,
indicaba la noche con estrellas,
la misma noche de todas las noches.

                                        [*MYC*]

[*Sangrienta fue*]

Sangrienta fue toda tierra del hombre.
Tiempo, edificaciones, rutas, lluvia,
borran las constelaciones del crimen,
lo cierto es que un planeta tan pequeño
fue mil veces cubierto por la sangre,
guerra o venganza, asechanza o batalla,
cayeron hombres, fueron devorados,
luego el olvido fue limpiando
cada metro cuadrado: alguna vez
un vago monumento mentiroso,
a veces una cláusula de bronce,

luego conversaciones, nacimientos,
municipalidades, y el olvido.
Qué artes tenemos para el exterminio
y qué ciencia para extirpar recuerdos!
Está florido lo que fue sangriento.
Prepararse, muchachos,
para otra vez matar, morir de nuevo,
y cubrir con flores la sangre.

[*MYC*]

[*Ahí está el mar?*]

Ahí está el mar? Muy bien, que pase.
Dadme
la gran campana, la de raza verde.
No ésa no es, la otra, la que tiene
en la boca de bronce una ruptura,
y ahora, nada más, quiero estar solo
con el mar principal y la campana.
Quiero no hablar por una larga vez,
silencio, quiero aprender aún,
quiero saber si existo.

[*MYC*]

Final

Matilde, años o días
dormidos, afiebrados,
aquí o allá,
clavando

rompiendo el espinazo,
sangrando sangre verdadera,
despertando tal vez
o perdido, dormido:
camas clínicas, ventanas extranjeras,
vestidos blancos de las sigilosas,
la torpeza en los pies.

Luego estos viajes
y el mío mar de nuevo:
tu cabeza en la cabecera,

tus manos voladoras
en la luz, en mi luz,
sobre mi tierra.

Fue tan bello vivir
cuando vivías!

El mundo es más azul y más terrestre
de noche, cuando duermo
enorme, adentro de tus breves manos.

[MYC]

El bosque chileno

... Bajo los volcanes, junto a los ventisqueros, entre los
grandes lagos, el fragante, el silencioso, el enmarañado
bosque chileno... Se hunden los pies en el follaje muerto,
crepitó una rama quebradiza, los gigantescos raulíes levantan su encrespada estatura, un pájaro de la selva fría

cruza, aletea, se detiene entre los sombríos ramajes. Y luego desde su escondite suena como un oboe... Me entra por las narices hasta el alma el aroma salvaje del laurel, el aroma oscuro del boldo... El ciprés de las Guaitecas intercepta mi paso... Es un mundo vertical: una nación de pájaros, una muchedumbre de hojas... Tropiezo en una piedra, escarbo la cavidad descubierta, una inmensa araña de cabellera roja me mira con ojos fijos, inmóvil, grande como un cangrejo... Un cárabo dorado me lanza su emanación mefítica, mientras desaparece como un relámpago su radiante arco iris... Al pasar cruzo un bosque de helechos mucho más alto que mi persona: se me dejan caer en la cara sesenta lágrimas desde sus verdes ojos fríos, y detrás de mí quedan por mucho tiempo temblando sus abanicos... Un tronco podrido: ¡qué tesoro!... Hongos negros y azules le han dado orejas, rojas plantas parásitas lo han colmado de rubíes, otras plantas perezosas le han prestado sus barbas y brota, veloz, una culebra desde sus entrañas podridas, como una emanación, como que al tronco muerto se le escapara el alma... Más lejos cada árbol se separó de sus semejantes... Se yerguen sobre la alfombra de la selva secreta, y cada uno de los follajes, lineal, encrespado, ramoso, lanceolado, tiene un estilo diferente, como cortado por una tijera de movimientos infinitos... Una barranca: abajo el agua transparente se desliza sobre el granito y el jaspe... Vuela una mariposa pura como un limón, danzando entre el agua y la luz... A mi lado me saludan con sus cabecitas amarillas las infinitas calceolarias... En la altura, como gotas arteriales de la selva mágica se cimbran los copihues rojos (*Lapageria Rosea*)... El copihue rojo es la flor de la sangre, el copihue blanco es la flor de la nieve... En un temblor de hojas atravesó el silencio la velocidad de un zorro, pero el silencio es la ley de estos follajes... Apenas el grito lejano de un animal confuso... La intersección penetrante de un pájaro escondido... El universo vegetal susurra apenas hasta que una tempestad ponga en acción toda la música terrestre.

Quien no conoce el bosque chileno, no conoce este planeta.

De aquellas tierras, de aquel barro, de aquel silencio, he salido yo a andar, a cantar por el mundo.

[*CHV*]

AGUIRRE (Margarita):
1967. *Las vidas del poeta.* Santiago, Zig-Zag, 1967, 331 pp.

ALAZRAKI (Jaime):
1972. «El surrealismo de *Tentativa del Hombre Infinito* de Pablo Neruda». *Hispanic Review,* vol. XL, 1 (1972), 31-39.
1973. «Poética de la penumbra en la poesía más reciente de Neruda». *Revista Iberoamericana,* 82-83 (1973), 263-291.
1975. «Para una poética de la poesía póstuma de Pablo Neruda», en Lévy-Loveluck, eds., *Simposio Neruda: Actas.* Nueva York, University of South Carolina & Las Américas, 1975, pp. 41-73.

ALEGRÍA (Fernando):
1973. *«La Barcarola:* barca de la vida». *Revista Iberoamericana,* 82-83 (1973), 73-98.

ALONSO (Amado):
1951. *Poesía y estilo de Pablo Neruda.* Buenos Aires, Sudamericana, 1951 (2.ª ed.), 365 pp.

BEAUJOUR (Michel):
1977. «Autobiographie et autoportrait». *Poétique,* 32 (noviembre de 1977), 442-458.

BELLINI (Giuseppe):

1967.   *Quevedo nella poesia ispano-americana del '900.* Milán, Editrice Viscontea, 1967, 98 pp.

1974.   *Quevedo in America.* Milán, Cisalpino-Goliardica, 1974, 70 pp.

1976.   «Introduzione» a Neruda, *Opere postume,* I-II. Milán, Accademia, 1974-1976.

CAMACHO GUIZADO (Eduardo):

1978.   *Pablo Neruda. Naturaleza, historia y poética.* Madrid, SGEL, 1978, 350 pp.

CONCHA (Jaime):

1972.   *Neruda (1904-1936).* Santiago, Editorial Universitaria, 1972, 282 pp.

1974.   *Tres ensayos sobre Pablo Neruda.* Columbia, The University of South Carolina (Hispanic Studies), 1974, 95 pp. Incluye: «Proyección de *Crepusculario*» (1965), «Interpretación de *Residencia en la tierra*» (1963) y «El descubrimiento del pueblo en la poesía de Neruda» (1964).

CORTÍNEZ (Carlos):

1973.   «Interpretación de *El habitante y su esperanza* de Pablo Neruda». *Revista Iberoamericana,* 82-83 (1973), 159-173.

1975.   *Comentario crítico de los diez primeros poemas de Residencia en la Tierra.* Iowa City: University of Iowa, 1975, 346 pp.

DE COSTA (René):

1979.   *The Poetry of Pablo Neruda.* Cambridge (Mass.)-Londres, Harvard University Press, 1979, 213 pp.

FRANCO (Jean):

1975.   «Orfeo en Utopía», en Lévy-Loveluck, eds., *Simposio Neruda: Actas.* Nueva York, USC-Las Américas, 1975, páginas 269-289.

GOIC (Cedomil):

1971.   «'Alturas de Macchu Picchu': la torre y el abismo». *Anales de la Universidad de Chile,* 157-160 (1971), 153-165.

LOVELUCK (Juan):

1973.   «'Alturas de Macchu Picchu': cantos I-IV». *Revista Iberoamericana,* 82-83 (1973), 175-188.

1975. «El navío de Eros», en Lévy-Loveluck, eds., *Simposio Neruda: Actas.* Nueva York, USC-Las Américas, 1975, páginas 217-231.

LOYOLA (Hernán):

1964. *Los modos de autorreferencia en la obra de Pablo Neruda.* Santiago, Ediciones Aurora, 1964, 68 pp.
1967. *Ser y morir en Pablo Neruda.* Santiago, Editora Santiago, 1967, 242 pp.
1968. «Guía bibliográfica de Pablo Neruda», en Neruda, *Obras completas,* 3.ª edición. Buenos Aires, Losada, 1968, tomo II. (También en OCP, 4.ª edición, 1973, tomo III, pp. 911-1106.)
1971. «El ciclo nerudiano 1958-1967: tres aspectos». *Anales de la Universidad de Chile,* 157-160 (1971), 235-253.
1975a. «Lectura de *Veinte poemas de amor*», en Lévy-Loveluck, *Simposio Neruda: Actas.* Nueva York, USC-Las Américas, 1975, pp. 339-353.
1975b. «*Tentativa del hombre infinito:* 50 años después». *Acta Litteraria,* Budapest, XVII, 1-2 (1975), 111-123.
1976. «*El habitante y su esperanza:* relato de vanguardia», en Mátyás Horányi, ed., *Actas del Simposio Internacional de Estudios Hispánicos—Budapest, 1976.* Budapest, Akadémiai Kiadó, 1978. También en *Cuadernos para Investigación de la Literatura Hispánica.* Madrid, 2-3 (1980), 213-222.
1978a. «El espacio fundador». *Araucaria de Chile,* Madrid, 3 (1978), 61-82.
1978b. «Neruda y América Latina». *Cuadernos Americanos,* México, 3 (mayo-junio de 1978), 175-197.

LOZADA (Alfredo):

1971. *El monismo agónico de Pablo Neruda.* México, Ed. Costa-Amic, 1971, 386 pp.

MELIS (Antonio):

1970. *Neruda.* Firenze, La Nuova Italia (col. Il Castoro), 1970.

MORELLI (Gabriele):

1979. *Strutture e lessico nei Veinte poemas de amor.* Milán, Cisalpino-Goliardica, 1979, 109 pp.

PRING-MILL (Robert):

1967. «Preface», en Neruda, *The Heights of Macchu Picchu.* Nueva York, Farrar, Straus & Giroux, 1967, pp. VII-XIX.

548   Bibliografía consultada

1970. «La elaboración de la oda a la cebolla», en *Actas del Ter-
       cer Congreso Internacional de Hispanistas*. México, 1970,
       pp. 739-751.
1975. «Introduction» a Neruda, *A Basic Anthology*. Londres,
       The Dolphin Book Co., 1975, pp. XV-LXXXI.

PUCCINI (Dario):

1971. «Introduzione» a Neruda, *Canto generale*. Milán, Sansoni-
       Accademia, 1971.

RIESS (Frank):

1972. *The Word and the Stone. Language and Imagery in Ne-
       ruda's Canto General*. Londres, Oxford University Press,
       1972, 170 pp.

RIVERO (Eliana):

1976. «Análisis de perspectivas y significación en *La rosa sepa-
       rada* de Pablo Neruda». *Revista Iberoamericana*, 96-97
       (1976), 459-472.

RODRÍGUEZ MONEGAL (Emir):

1966. *El viajero inmóvil*. Buenos Aires, Losada, 1966, 345 pp.
1973. «Pablo Neruda: el sistema del poeta». *Revista Iberoame-
       ricana*, 82-83 (1973), 41-71.
1975. «Pablo Neruda: las *Memorias* y las vidas del poeta», en
       Lévy-Loveluck, eds., *Simposio Neruda: Actas*. Nueva York,
       USC-Las Américas, 1975, pp. 189-207.

SANTANDER (Carlos):

1971. «Amor y temporalidad en *Veinte poemas de amor*». *Anales
       de la Universidad de Chile*, 157-160 (1971), 91-105.

SCHOPF (Federico):

1971. «Análisis de 'El fantasma del buque de carga'». *Anales
       de la Universidad de Chile*, 157-160 (1971), 117-127.

SCHWARTZMANN (Félix):

1953. *El sentimiento de lo humano en América*. Santiago, Edi-
       ciones de la Universidad de Chile, 1953, 2 vols.

SICARD (Alain):

1975. «Soledad, muerte y conciencia histórica en la poesía re-
       ciente de Pablo Neruda», en Lévy-Loveluck, eds., *Simpo-
       sio Neruda: Actas*. Nueva York, USC-Las Américas, 1975,
       pp. 145-170.

1977. *La pensée poétique de Pablo Neruda.* Lille, Atelier RdT à l'Université de Lille, 1977, 679 pp.

SIEFER (Elisabeth):

1970. *Epische Stilelemente im Canto General.* München, Wilhelm Fink Verlag, 1970.

YURKIÉVICH (Saúl):

1973. *Fundadores de la poesía latinoamericana.* Barcelona, Barral Editores, 1973 (2.ª edición), 286 pp.
1975. «El génesis oceánico», en Lévy-Loveluck, eds., *Simposio Neruda: Actas.* Nueva York, USC-Las Américas, 1975, páginas 383-399.

VI. 1957-1967

VII. 1968-1973